KÂFURLU İNGİLİZ SABUNU

İngiltere Hatıraları

ABDULLAH EROL

MODERN KITAP

Kâfurlu İngiliz Sabunu

Yazan: Abdullah Erol
Kapak Tasarımı: Mesut Demirci

ISBN: 978-605-86994-1-0

İrtibat: yeminlitercuman@gmail.com
Web: www.modernkitap.com

Kâfurlu İngiliz Sabunu

Ya Sigara Ya Kitap!

Kâfurlu İngiliz Sabunu

ÖNSÖZ

Bu kitabı 12.10.1997'de yazmaya başladım ve 98'de bitirdim. Hayli zaman geçti ve ben 2012'de kitabı yayımlama kararı aldım. Ülkemizde zaten az basılı eserin bulunduğu İngiliz Kültürü çalışmalarına ve belki İngiltere'ye gitmek ve orada yaşamak isteyenlere az da olsa bir katkım olur diye düşündüm. Ufak tefek kusurlarıma takılmamanız, kitabın tadını çıkarmanız ve resmin büyüğünü görebilmeniz dileğiyle.

I WOZ 'ERE

12 Ekim 1997'de Londra *Heathrow* Havaalanına indim ve Londra'da yaklaşık 6 ay sürecek olan kısa süreli öğrencilik hayatım başlamış oldu. Aslında buraya 2 yıl önce bir kez daha gelmiş ve bir ay kalmıştım. O zamandan bu yana, bu ülke hakkında bir kitap yazmayı hep istedim.

HEATHROW ve MEHMET ÇİNKO

Uçağımız Heathrow Havaalanına indiğinde günlerden Pazar'dı. Hava çok açık olduğu için bu kentin, Londra'nın, düzenli ve sistemli altyapısını yukarıdan bir kere daha görme ve takdir etme imkânı buldum. Nasıl olmuştu da bu soğuk ve kibirli insanlar biz Türklerin biricik Anadolusundan daha monoton bir coğrafyayı adam etmeyi başarmışlardı?

Beni karşılamaya, burada binlerce Türk'ün yaptığı işi 359 Prince Regent Lane'de yapan *Eastenders Kebab*'ın sahibi Mehmet Abi küçük kızıya birlikte geldi. Kendisi yıllardır burada ve artık burası onun vatanı olmuş bir bakıma. İngilizlere de fazlasıyla alışmış; bulunduğu bölge Londra'nın en riskli bölgelerinden olmasına rağmen kendi deyimi ile bölgenin adeta 'muhtarı' olmuş. Olan biten her şeyi biliyor, herkesi tanıyor, herkese nazı geçiyor. Casim ve Salih adında iki yardımcısı vardı işyerinde çalışan. Casim Kıbrıs'ta otelerde çalıştıktan sonra buraya gelmiş delidolu bir kumar tutkunu, Salih de ona göre daha derli toplu ve buraya iltica ederek gelmiş biriydi. Üçüyle de sonraları çok yakınlığım oldu. Çok yardımlarını gördüm üçünün de. Mehmet Abi beni doğruca Mrs. Thomas'ın East Finchley 36 Fortis Green Avenue'daki evine götürdü.

Mrs. THOMAS
Küçük şirin bir evdi. İlk iki haftam bu evde geçecekti. Karşımda 85 yaşında ama yaşına göre oldukça dinç görünen bir kadın bulmuştum. Aile yanında kalmanın avantajlarını düşünerek buraya gelmiştim. Mrs. Thomas tek başına yaşıyordu. Daha önce İngilizce öğrenmek amacıyla gelen bir tanıdığım da Mrs. Thomas'ın evinde kalmıştı. Ona telefon ederek benim evinde kalıp kalamayacağımı sormuştu. Kadın da artık yaşlandığını ve öğrenci almayı bırakacağını fakat kendisini de kıramayacağını söylemiş ve böylece Mrs. Thomas'ın evi ilk adresim olmuştu.

MUZAFFER
Eve gelmeden önce bu evde Muzaffer Balota adlı bir başka Türk'ün daha kaldığını ve zamanla, onunla birçok ortak noktamız olduğunu öğrendim. Ondan önce de Brezilyalı bir İngilizce öğretmeni kız kalmıştı aynı evde. Muzaffer burada Seven Sisters Rd. üzerinde bulunan *London Meridian College*'da İngilizce öğreniyordu ve kısa zamanda büyük ilerleme göstermişti.

DİL
Şu ana kadar tanıdığım tanımadığım yüzlerce kişi bana defalarca nasıl dil öğrenebileceklerini ya da İngilizce öğrenmenin kolay yollarını sordular. Belki onlara bir iki çift laf etmişimdir; ama aradan yıllar geçmesine rağmen aynı kişilerin aynı soruyu sormaya devam ettiklerine şahit oldum.

Bu sorularla bu kadar sık muhatap olduktan sonra en yerinde cevabı sonunda keşfettim galiba... İnsanın hobileri ya da ilgi alanları dil öğrenimini çabuklaştırıyor. İngilizler Casim'e Jason diyordu. Ben de "Jason dili nasıl öğrendin?" diye sordum. "Bana İngilizce'yi atlar ve köpekler öğretti" dedi yarı şaka yollu. *Betting Office*'lerde (ganyan bayilerinde) öğrenmişti dili. Kursa falan gitmemişti. Bir konuya aşırı ilgi duymanız onu öğrenmek için de aşırı çaba sarf etmenizi sağlar. Aksi halde bu sorular, cevaplanmaktan bıkılan boş laflar olmaktan öteye geçemez. Tabi şunu da belirtmek lazım, orada çalışan Türklerin bildikleri İngilizce genelde sokak İngilizcesi ve konuşmaya dayalı bir dil. Örneğin günlük bir gazeteyi okumakta çoğu hala zorlanıyor.

LOO
Burada bildiğiniz kalıplara yeni alternatifleri de öğreniyorsunuz. 'Excuse me, where is the toilet?' dediğinizde karşınızdakinin sizi anlamadığını fark ediyor ve insanların tuvalet için 'loo' kelimesini tercih ettiklerine tanık oluyorsunuz. Bize yıllarca SARAY İNGİLİZCESİ öğretilmiş maalesef. SOKAK İNGİLİZCESİ bize çok uzak duruyor! Eğitim sistemimizin artık bu yönde yeniden yapılandırılması gerekir. Kimse sarayda yaşamıyor!

EV TİPLERİ
Mrs. Thomas'ın evi 2 katlı ve İngilizlerin **'terraced house'** dedikleri *bitişik nizam* bir evdi. Bu evler tür daha çok orta sınıfın yaşadığı bütün sokak boyunca birbirlerine bitişik yerlerdi. Kısacası tipik İngiliz evleri. Alt katında iki oturma odası ve bir mutfak, üst katında da üç yatak odası ve bir banyo vardı. Birinde ben, birinde Muzaffer, birinde de Mrs. Thomas kalıyorduk. En sonunda İngiltere'de bir aile yanında kalmanın nasıl bir duygu olduğunu da anlıyordum işte.

Bu evde iki hafta kaldım. Her sabah Mrs. Thomas başucuma geliyor ve beni hemen kaldırıyordu. Fakat Muzaffer okulda biraz fazla çalışıp için yoruluyordu ve her sabah Mrs. Thomas bana aşağıdan *'Didn't he get up?'* diye sormak durumunda kalıyordu. Daha sonra ikimiz de toparlanıp sabah kahvaltısı için aşağıya iniyorduk. Kahvaltıda her gün süt, mısır gevreği, marmelat, tereyağı, kızarmış ekmek yemekten ve poşet çay içmekten bıkmıştık; ama sadece Muzaffer ile birbirimize söylenebiliyorduk. Öyle ya, elin *British*'i (Mrs. Thomas aslen *Welsh* idi) nerden anlasındı bizim sıkı kahvaltı yapan insanlar olduğumuzu! Herhalde şikâyetçi de olamazdık. Aslında bu durum fazla mızmız bir tip olmadığım için sorun da yaratmadı.

Burada anlatmadan geçmek istemediğim bir ayrıntı, Mrs. Thomas'ın porselen çaydanlığı çayı daha uzun süre sıcak tutsun diye kendi elleriyle örüp porselenin üzerine geçirdiği *çaydanlık kazağı*. Müthiş bir ayrıntıydı bu benim için. Belki de İngilizlerin çay sevdasının bir ürünü... Google'da "*teapot cosy*" yazarsanız bunların binlerce örneğini görürsünüz nette.

Ev Fiyatları

Ortalama	: £184,000
Detached	: £285,000
Semi-detached	: £170,000
Terraced	: £143,000
Flat	: £174,000

Tarihi İngiliz evlerine alışmam fazla zaman almadı. İngilizlerin beş çeşit evleri var: En kaliteli evler **detached house** dedikleri, başka bir eve bitişik olmayan garajlı ve bahçeli evlerdi. Daha sonra **semi-detached** house dedikleri çeşit geliyordu ki benim şu an kaldığım ev bu türün tipik bir örneğiydi. Bitişiğinde sadece bir ev vardı. Bu iki tipten sonra **terraced house** denen ve hemen her yerde göreceğiniz, daha az beğenilen evler vardı. Bunlar bütün sokak boyunca birbirine bitişik bir ev türüydü, tıpkı Mrs. Thomas'ın evi gibi. Bunlardan sonra 'flat'ler yani daireler geliyordu.

İngilizler daireleri pek fazla sevmezler zira onlar için **privacy** yani **özel hayat** her şeyden önce gelir ve bu tip binalar bu tür bir mahremiyet için fazla kalabalık yerler. Bunların dışında bir de **town house** denen ve genelde 3 katlı ve flat tipi düzenlenmiş evler var. Bu evlerin geneli şu anda **bedsit** ya da **flat** olarak kiralanıyor. İngilizlerin bedsit dedikleri şu: Bu tip bir town house'da size bir oda kiralanıyor; mutfak, banyo ve tuvalet ortak yerler oluyor yani buraları diğer 'bedsit'lerle ortaklaşa kullanıyorsunuz.

İNGİLİZ AİLE YANINDA KALMAK
Soğuktur İngilizler. Aile yanı da soğuktur denebilir çoğu zaman ama paranızı zamanında ödediğiniz sürece pek sıkıntı

çıkmaz. Hatta paralı biri olursanız İngilizler size karşı sıcak ve yalaka bile olabilirler. 70'lerde İngiltere'de aile yanında kalan bir Bakan'ın kardeşinden vaktiyle şöyle bir anı dinlemiştim: "1970'lerin ortalarına doğru Üniversite için Londra'da okurken 4 sene bir ailenin yanında kaldım. Artık evin oğlu gibi falan olduğumu hissediyordum. O kadar yakınlık kurmuştuk yani. Yemeklerim hazırlanıyor ve çamaşırım ve hatta ütülerim bile yapılıyordu. Tabi hepsi bir ücret karşılığında. Örneğin çamaşırlarımın yıkanıp ütülenmesi için birkeç sterlin para veriyordum her hafta. Yıllar böyle geçti ve ayrılık vakti geldi çattı. O tarihe kadar 4 sene boyunca evin sahibi aileye her hafta 50-60 sterlin para ödemiştim. 70'lerde o kadardı haftalık kira parası. Tabi telefon ücrete dahil değildi. O ayrıca ödeniyordu. Neyse.. kapı önünde ayrılıyoruz. Benim valizler dışarda, bir taksi beni bekliyor havaalanına götürmek için. Karı koca beni uğurladıkları için hüzünlüler. Benim de içimde hafiften bir burukluk var ailenin yanından ve ülkeden ayrılacağım için.. Sarılıp ayrılıp gideceğim anda kadın yanıma yanaşıp "geçen hafta yapılan ütülerden dolayı 5 sterlin falan bir borcum olduğunu" söyledi. Ben donakalmıştım adeta ama hafiften gülümseyerek parayı çıkarıp verdim. 4 sene içinde binlerce sterlin ödemiş olmam ve belki aileden biri haline gelmiş olma bile onları bunu istemekten alıkoymuyordu. Hüzünlendikleri şey galiba benim gidecek olmam değil, artık onlara para kazandırmayacak olmadı." Oraya gidecekler bu tür konulara dikkat etseler iyi olur. "Aramızda lafı mı olur!" türünden uygulamalar yok orada.

İNGİLTERE'DE ARABA ALMAK

95'te Londra'ya geldiğimde, amcamın oğlu ile araba almaya gitmiştik. Birkaç araba pazarını dolaştıktan sonra gazetede gördüğümüz ilan üzerine trene binerek 50-60 kilometre ileride küçük bir yerleşim birimindeki küçük bir araba pazarına girdik ve bir Audi 90'ı inceledik. 2200 sterlin fiyatı vardı üzerinde. 10 yaşında falan bir arabaydı.

Oraya gitmeden once Barclays Bank'e girip bankadan 2200 sterlin para çekmiştik. Orada bankadan bu kadar para çekmek pek akıllıca sayılmazdı. Bankadaki herkes bize bakıyordu o parayı alıp dışarı çıkarken! Üzerinde fazla nakit para (veya değerli takılar) taşımakla intihar etmek için bir sandalyenin üzerine çıkmak arasında çok az fark vardır İngiltere'de. Nakit parayla arabanın fiyatını indirebiliriz diye düşünmüştük.

Arabayı dışarıda inceledikten sonra içeri girip galeri sahibiyle konuştuk. Ödemeyi nakit yapacağımızı söyledikten sonra 2200 sterlin olan fiyat hemen 2000 sterline indi. Ödemeleri genelde çekle alıyorlar orada. Çekle ödeseydik muhtemelen arabanın üzerindeki rakam olan 2200'ü öderdik. Nakit ödemeler -devletin ve bankanın bu paradan haberi olmayacağı için- işletme sahipleri için çok daha cazip.

Adam boş bir kağıt verdi bize. Kağıdı doldurduk. Bir kopyasını bizei verdi. "Tamadır" dedi ve biz dışarıya çıkıp arabayı alıp yolumuza koyulduk. Yani noter yok, trafik yok, bürokrasi sıfır. Elimizdeki kopya geçici ruhsat yerine geçiyor. Asıl ruhsatı da 2 hafta içinde evinize gönderiyorlar. Not: Sene 2012 oldu ama hala o düzeye gelemedik bürokratik saçmalıkların kaldırılması konusunda.

Bakkaldan sakız almak kadar kolay araba almak. Minimum kağıt, minimum bürokrasi.. Orada kişilerin sözleri ve ağızlarından çıkan önemli. Tabi bunun arkasında da ciddi bir TEFTİŞ mekanizması var. Kaldığım aylar içinde bindiğim otobüslere 3-4 kez MÜFETTİŞ bindi ve kimliğini göstererek biletlerimizi ve pasolarımızı kontrol etti. Orada biletler gideceğiniz yere göre kesiliyor otobüse binerken. Örneğin 5 durak sonra ineceksiniz ona göre bir bilet alıyorsunuz. Otobüse binerken şoföre ineceğiniz yeri söyleyerek alıyorsunuz bileti. O da size örneğin 60 pence'lik bir bilet kesiyor. Daha uzağa giderseniz kural ihlali olur ve size ceza kesilir.

Pasoların da tarihlerinin geçip geçmemiş olduğuna ve bulunulan bölge için geçerli olup olmadıklarına bakılır. Bölgelere ayrılmıştır Londra. Örneğin **Zone 1** için paso aldıysanız, sadece orada binebilirsiniz metrolara ve otobüslere. **Zone 1 ve 2**'de ise işleriniz, ona göre ücret ödüyorsunuz. Şehir merkezi ve turistik atraksiyonlar **Zone 1**'dedir, yani en ortadadır genelde. Evi ve işi Zone 1'de olan bir kişi ona göre paso alır. Zone 1'de işiniz yoksa bilet fiyatları daha ucuz. Yani, turist-yoğun bölgelerde bilet fiyatları daha pahalı. Bizde de benzer bir uygulama olabilir mi?

Bilet veya pasolarında sorun olanlara anında ceza kesiliyor ve ceza orada tehsil ediliyor. Türkiye'deki en büyük eksiklerden biri de MÜFETTİŞLİK sistemi. Sadece okullarda müfettişleri gördük ve tanıdık biz. Sonrasında hiçbir yerde müfettişlik sistemi yok neredeyse. Kağıdın azalması, müfettişin çoğalması gerekiyor.

2012 Ocak ayı itibariyle tame ve öğrenci paso (travelcard) fiyatları:

Zones (#)	1 week Travelcard Adult (Student ##)	1 month Travelcard Adult (Student ##)	1 year Travelcard Adult (Student ##)
1	£29.20 (£20.40)	£112.20 (£78.50)	£1168 (£817)
1-2	£29.20 (£20.40)	£112.20 (£78.50)	£1168 (£817)
1-3	£34.20 (£23.90)	£131.40 (£91.90)	£1368 (£957)
1-4	£41.80 (£29.20)	£160.60 (£112.40)	£1672 (£1170)
1-5	£49.80 (£34.80)	£191.30 (£133.90)	£1992 (£1394)
1-6	£53.40 (£37.30)	£205.10 (£143.50)	£2136 (£1495)
1-7	£58.00 (£40.50)	£222.80 (£155.90)	£2320 (£1624)
1-8	£68.40 (£47.80)	£262.70 (£183.80)	£2736 (£1915)
1-9	£75.80 (£53.00)	£291.10 (£203.70)	£3032 (£2122)

SHIPPING & COURSES

İlk günlerde kendime Chartering ve Shipbroking eğitimi veren bir kurs bulma telaşı içindeydim. Bir dil kursuna kayıt yaptırıp kaparo yatırarak gelmiştim Londra'ya ama kursa hiç gitmedim çünkü amacım gemicilikle alakalı bir yerlerde okumaktı. Bana denizcilik terminolojisini öğretebilecek, gemileri tanıtabilecek, belli başlı yükleri ve bunların alıcılarını, bulundukları yerleri, bir geminin masraf kalemlerini ve gemi sahibinin eline geçen navlunu 30 yere dağıttıktan sonra hala nasıl olup da kâr edebildiğini öğretebilecek bir yer arıyordum. Birkaç üniversiteye bizzat gidip araştırdım ama aradığım kursu bana David buldu. Guildhall Üniversitesinde (eski adı City of London Polytechnic) Institute of Chartered Shipbrokers' Course adında bir kurs vardı. Bu kurs tam da benim aradıklarımın cevabı olmuştu. Derslere ve içeriklerine baktım. Tam olarak aradığım konuları bulmuştum. Şimdilerde Türkiye'de de benzer kurslar (http://www.ntcshipping.com/) açılmış durumda. Artık bu kurs için Londra'ya gitmeye gerek kalmadı sanırım.

20 Ekim'de kursa başladım. Aslında kursun başlangıç tarihi 22 Eylül'dü. Kursa başlamıştım; artık eve sabah çıkıp akşam geliyordum. Akşam Mrs. Thomas'ın evine döndüğümde yemeğin hazır olduğunu görüyordum. O yaşına rağmen o kadının hâlâ evine öğrenci alması, sabah kahvaltısı, akşam yemeği hazırlaması beni çok şaşırtıyordu. Öyle ya, Türkiye'de insanlar 40 yaşında yaşlandım demeye başlıyorlar, iki sene sonra da emekli olup devlet eline bakıyorlardı. O kadından 'yaşlandım' kelimesini hiç duymadım. O yaşlı kadına evinde kalmak için haftada 65 pound veriyordum. Ev kendisinindi ve bankada parası vardı; fakat 85 yaşına rağmen o insan hâlâ çalışıyor, para kazanıyor, bütün ihtiyaçlarını kendisi karşılıyordu. Aslında durumuna acıyordum. Çok yaşlıydı, çocukları vardı; ama ayrı yaşıyorlardı ve kadın hasta falan olunca gelip doktora götürüyorlardı. Oğlu David, Mrs. Thomas'ı kendi evinde kalması için çağırıyordu; ama kadın oğlunun evinde kalmak için para ödemeyi teklif ediyordu.

Madalyonunun öbür yüzü: burada herkes korkunç derecede yalnız! Yaşlanınca bu yalnızlık kat kat artıyor, artık kendi başlarına izole bir hayat yaşamaya başlıyorlar. Belki de öğrenci pansiyonerliği yalnızlık karanlığına yakılan bir mum.

THE CHURCH

İngiltere'ye gelişimin ikinci haftası Pazar günü (19 Ekim) Mrs. Thomas'ın yaşlı arkadaşları gelip, 'Haydi gidiyoruz.' nevinden bir şeyler söylediler, 'Nereye?' diye sordum. Kiliseye gittiklerini öğrendim. Malum Pazar ayini... Ne yaptıklarını görmek istedim. "Ben de geliyorum." dedim. Mrs. Thomas benim kiliseye gitmek istememe çok şaşırdı. 'Sen Müslüman değil misin?' dedi. 'Evet', dedim. Çok şaşırdı ama 'Hadi gel.' dedi. İki yaşlı arkadaşı dışarıda arabada bekliyorlardı. İkisi de altmışını devirmiş kişilerdi. Kendimi şanslı ve genç hissettim.

Kilise, yakındaki Muswell Hill United Reformed Church adında bir kiliseydi. Sonraki günlerde United Reform Church adı verilen kiliselerin Protestan ama **Anglikan** olmayan kiliseler olduklarını, **Protestan** ve **Kongregasyonel**

kilisesinin 1972 senesinde birleşmesi ile ortaya çıktıklarını ve Galler (Wales) civarında güçlü olduklarını, 110 bin civarında üyeleri bulunduğunu öğrendim. Böylece Mrs. Thomas'ın da Wales (Galler) yöresinden olduğu için bu kiliseyi tercih etmesinin sebebi ortaya çıkıyor.

Beş dakikamızı ancak aldı kiliseye varmamız. Arabadan inip kiliseye doğru yürümeye başladık. Kapıya geldiğimizde bizi rahip karşıladı. Mrs. Thomas beni tanıştırdı. Belki de yıllardır evinde kalan Müslüman öğrencilerden sadece ben onunla kiliseye gitmiştim. Papaz nereli olduğumu sordu. Türkiye'den geldiğimi söyledim. Papaz (Minister) **Bert Baker** adında biriydi. Yanında duran ve kilise işlerine yardımcı olan kadın dün akşam televizyonda Türkiye hakkında bir haber duyduğunu, bir takım kanlı olaylardan bahsedildiğini söyledi. Şaşırmadım. 'Sanki bu ülkede hiç olmuyor." dedim içimden. Bu ülkede fazlası oluyorda ama MEDYA o kadar kontrolüydü ki kesinlikle yazamazlardı. Es kaza yazsalar, devlet ve halk tüm gücüyle üzerlerine yürür ve yok ederdi o medyayı ve patronunu. Burada MEDYA devletin çıkarlarından taraftır! Aksinin düşünülmesi bile imkânsızdır. Eleştiri gibi görünen yazılar da çok yüzeyseldir, devletin tozunu alır o kadar! Medyanın kontrol dışına çıkmasına asla izin vermezler burada. GİZLİ EL kesinlikle devreye girer.

Neyse, aynı kadın kiliseye gelen herkese bir İlahi Kitabı ve günün programını içeren bir kâğıt dağıtıyordu. Ben de aldım.

Burada kiliseye gelen insanlar sayılı olduğu için kiliseler bu insanların isim ve adreslerini biliyorlar ve muhtemelen sayıları birkaç yüz kişi olan üyelerine her hafta posta ile programı gönderiyorlar. Böylece Pazar ayinine gitmeden önce ayinde neler anlatılacağını öğreniyorsunuz. Geçmişte Beyoğlu'ndaki St. Antuan Kilisesine de gitmiştim meraktan. Kiliselerin içyapıları çok seremonik ve benzer. Yani kişinin tek başına ibadet edip huzur bulmasından ziyade cemaatin bir arada etkinlik yaparak huzur bulmasına dönük bir yapı var sanki.

Elimdeki programa göre Pazar ayininin içeriği şöyleydi:

Service led by Minister Bert Baker
Organist: Mrs. Karen Bradley
Theme: The Best Reward
Welcome and Introduction
Call to Worship

May our worship, O Lord God,
***open our eyes to your glory**
***open our eyes to your story**
***open our hearts to your fire**
***and open our wills to your desire, through Jesus**
Christ our Lord AMEN!

Hymn (İlahi) 377. This is the day (Kitaptaki 377 nolu ilahiyi herkes ayakta okuyor)

Rededication of Junior Church Staff (3-5 yaşlarındaki çocuklara İncil hediye ediliyor)

Hymn 474. Brother, sister, let me serve you. (Yine hep birlikte kitaptan 474 nolu ilahi okunuyor.)

Promotions of Children and Young People (Kilisede öğrenim gören 10 kadar çocuğa teşvik hediyeleri veriliyor. Bunlar genelde dini kitaplar.)

Hymn 556. When a knight won his spurs.

The Offering and Dedication

Reading: The Enormous Crowd

Revelation 7. 9-17 GNB Page 317 NT (Papaz, İncil'in 317. sayfasındaki 7. surenin 9-17. ayetlerini okuyor.)

Hymn 662. Arise, arise good Christian (662. ilahinin sadece 4. ve 5. mısraları okunuyor.)

The SERMON (Vaaz kısmı – Papaz burada önündeki kâğıttan okuyarak genel ifadelerle bir şeyler anlatıyor. İsa'nın **Lord** olduğunu vurguluyor.)

Song: Heaven Shall not Wait

From the Iona Community. (6-7 kadın öne çıkarak bir şarkı söylüyor ve şarkının bazı nakarat kısımlarına 'cemaat' de eşlik ediyor)

Prayers of Intercession
Let us pray for the church and for the world, for one another and ourselves, that God's kingdom may come on earth as in heaven.

Silence (Herkes sessizce duruyor, daha sonra Papaz bir dua okuyor ve herkes AMEN diyor.

Hymn 740. Tell Out My Soul. (740 nolu ilahi okunuyor.)

Final Prayer (Papaz dua ediyor. Her dua arasında cemaat **AMEN** diyor. En sonunda herkes topluca Amen, Amen, Amen diyor ve ayin tamamlanıyor.)

Ayin sonrası insanlara portakal suyu ikram ediliyor. Papazla biraz konuşuyorum sonra veda edip ayrılıyoruz.

Kilisede dikkatimi çeken şey cemaatin sayısı ve yaş ortalaması. Pazar ayininde yaklaşık 25 kişi vardı ve yaş ortalaması 50'nin üzerindeydi. Benim dışımda genç bir ya da iki kişi vardı. Kilise gençleri çekebilmek için uğraşıyor olsa gerek; ama belli ki gelmiyorlar. Yaşlı insanlar da genelde eş dostla karşılaşmak, biraz muhabbet etmek için geliyorlar besbelli. Onlar için kilise, bir hafta boyunca yapayalnız yaşadıkları evlerinden kaçış gibi bir şey.

Köşe yazılarından okuduklarıma inanmam gerekirse Anglikan kilisesinin haftalık ziyaretçi sayısı yaklaşık 800 bin imiş ve 2002 yılında camiye giden Müslümanların sayısı kiliseye giden Hıristiyanların sayısını geçecekmiş. Sırf bu yüzden Alan Smithson adındaki Jarrow kenti piskoposu, Hıristiyanların 'Ramazan ayı' olarak bilinen, eskiden et ve zengin besin kaynakları yemedikleri, bugünlerde ise işi diyet orucu şekline getirdikleri 40 gün süren **Lent** dönemini, Kuran'ı inceleyerek geçireceğini söyleyerek basının ilgisini çekmiş; Hıristiyanların Müslümanlardan din, aile, gelenek ve sair değerler konusunda çok ilerde olduklarını ve dinlerini ciddiye aldıklarını öne sürmüş.

Iona topluluğunun söylediği **Heaven Shall Not Wait** adlı ilahinin iki kıtası şöyle:

> *Heaven shall not wait*
> *For the poor to lose their patience*
> *The scorned to smile, the despised to find a friend:*
> *Jesus is Lord;*
> *He has championed the unwanted;*
> *In him injustice confronts its timely end.*

> *Heaven shall not wait*
> *For the rich to share their fortunes*
> *The proud to fall, the elite to tend the least:*
> *Jesus is Lord;*
> *He has shown the Master's privilege-*
> *To kneel and wash servants' feet before they feast.*

DAVID & AMY

Buralardaki ilk iki haftam Mrs Thomas'ın evinde ve okulda geçti. Tabi bazen de geziyordum Londra'da. Bunların dışında Aldgate East metro istasyonunun biraz ilerisinde bulunan bir yakınımın şirketine uğruyor, hem denizcilik bilgilerimi pekiştiriyor hem de vaktimi orada değişik uğraşlarla değerlendiriyordum.

Şirkette David adında bir müdür ve Amy adında bir sekreter çalışıyordu. Ben Londra'ya geldiğimde David şirketten ayrılmak üzereydi. Her ikisini de daha önceden biliyordum; ama onlarla tanışma fırsatım olmamıştı. Londra'da gerçekten çok az İngiliz'le tanışma ve kaynaşma fırsatı bulunabildiği için onlarla tanışmak benim için bir şanstı. Her ikisi de cana yakın insanlardı. David akşama kadar telefon başında konuşan bir müdürdü ve fırsat buldukça bana büroda duvara asılı duran harita üzerinde dünya gemiciliğini, emtia rotalarını, iklim dengelerini, gemi kiralama ve alım-satımı işini anlatırdı. Hangi ülkelerde büyük ölçeklerde buğday yetiştirilir veya demir-çelik üretilir, bu buğday veya demir-çelik nasıl alınır, nerelere satılır, hangi güzergâhı takip eder, hangi büyük şirketler bu işlerle uğraşır, önümüzdeki aylarda gemicilik sektörünün durumu neye bağlı olarak değişebilir vb. kuru yük gemiciliğini ilgilendiren birçok konuda bilgiler verirdi. David, dünya gemiciliğinin merkezi olan Londra'nın en bilinen denizcilerinden biriydi. Piyasayı ondan iyi bilen az insan vardı. Bazen sabah 10'da şirkete gelir ve David'i telefonla konuşurken bulurdum. Akşam saat 5-6 olurdu ve David hala telefonda olurdu. Bana da ancak 1-2 saat sonra hoş geldin diyebilirdi. Gemicilik işlerinin yanında kendi teknesiyle denize açılmayı da severdi. Arkadaşları yat falan satacakları zaman onu ararlardı. O da üç beş sat içinde onlarca telefon görüşmesi yapar ve o yatı satıp birkaç saat içinde 2-3 bin sterlin komisyon kazanırdı! Telefonda cidden çok konuşan biriydi David.

Not: David 2008'de öldü; adına dünya gemiciliğinin merkezi konumundaki Londra gemi borsasında (Baltic Exchange) adına ödüllü yarışmalar bile düzenleniyor hala. Yakınları da onu unutturmamak için her yıl kürek çekiyorlar Thames'de.
http://www.justgiving.com/thethamesrow

INDIANS PAKIS & MIGRATION
Londra'da İngiliz'den çok Hint ve Paki insanlarla konuşursunuz. Burada sayıca gerçekten çok fazla Hint ve

Paki var. Bu insanlar renkleri, aksanları dışında topluma uyum sağlamış görünüyorlar. Benzin istasyonları, market, bakkal türü yerleri ve birçok yerdeki mağazaları dükkânları bu insanlar işletiyorlar. Bu tip insanlar için para kazanmak hatta zengin olmak çok da zor değil; çünkü birçoğu kendi işini yapıyor ve İngilizler de pek olmayan yastık altında para biriktirme olayı, bu insanlarda ve diğer azınlık gruplarında (sayıca çoğunluk olma yolunda hızla ilerleyen) çok yaygın.

İngiltere'ye göç dalgası 1950 ile 1965 yılları arasında yoğunlaşmış; Pakistan, Hindistan, Karayipler ve Batı Hint Adalarından buraya birkaç milyon insan gelmiş. Bu insanlar, İngiltere'ye İngilizlerin hiç de alışık olmadıkları yaşam tarzları; davranışlar, diller, dinler ve adetler getirmişler. Bunların bir kısmı İngilizlerce de benimsenmiş. Mesela bu insanların mutfakları İngilizlere fazlasıyla egzotik geliyor. Özellikle Hint mutfağı burada çok tutuluyor.

Dışarıdan gelen bu insanlar her ne kadar İngiltere'de yaşasalar da çevrelerindeki kendi toplumları sayesinde alışkanlıklarının birçoğunu muhafaza etmişler, adetlerini korumuşlardır. Tabi bütün dünya azınlıklarında olduğu gibi bunların da eğitim ve yaşam standartları normalin altında. Ancak, yine de birçok devlet dairesinde veya kamu hizmetinde bu insanları görebilirsiniz. Havaalanına iner inmez sizi bir İngiliz yerine kafasına sardığı garip bir sarıkla bir Hintli karşılarsa şaşırmayın. Bunun adına burada "*multi culturalism*" yani "*çok kültürlülük*" diyorlar ve İngilizler sevseler de sevmeseler de bu hayata alışmışlar.

Bir keresinde Mrs. Thomas ile konuşurken ülkedeki yabancıların çokluğundan şikâyet ederek "*Poor Old England*" yani "*Zavallı İngiltere*" dediğini hatırlıyorum. Ben de bunun üzerine "Sizin o insanların ülkesinde ne işiniz vardı yüzyıllarca? Onlar şimdi iade-i ziyaret yapıyorlar." dedim. Cevap vermeye çalıştı ama veremedi. Eğer verebilseydi belki de şunu söylerdi, "Biz oralara medeniyet öğretmeye gittik." İngilizler kendilerini diğer toplumlardan üstün görüyorlar ve daha da ötesi zannediyorlar ki diğer toplumlar da bunu kabullenmiş. Bunun doğal sonucu olarak da sömürmek ve köleleştirmek ya da bilinen adı ile emperyalizm için gittikleri yerlere medeniyet öğretmek adına gidiyorlar. Eee, etme-bulma dünyası. Siyah ve esmer insanı hor gören, yukarıdan bakan İngilizler nereden bileceklerdi ki bir gün olacak bu insanlarla komşu olacaklar, iç içe yaşayacaklar.

ZİHİNSEL ENGELLİLER

Zihinsel engelliler hafif (moron), orta (embesil) ve ileri (idiot) olmak üzere 3'e ayrılıyorlarmış. İngiltere'de dikkatimi en çok çeken şey yaşlı nüfusun ve embesil görünümlü kişilerin çokluğu oldu. Otobüslerde ve sokaklarda sıkça rastlıyorsunuz ileri yaşlılara (+75) ve embesillere. Türkiye'de ömrü hayatımda gördüğümü burada 2 hafta içinde görüyorum diyebilirim. Bilmiyorum, belki de hayatın daha içinde olduklarındandır. Burada, her yerdeler..

SORRY!

Londra'da, bu kalabalık şehirde, insanların doğal olarak en çok kullandıkları kelime 'Sorry!' ve bu kelime -adeta sihirli bir değnek gibi- ortamın elektriğini bir anda alıveriyor. Yolda yürürken bir kimse size çarpsa ya da dokunsa hemen döner ve 'Sorry!' der, böylece siz de ona ters ters bakmazsınız. Sanırım burada bir kişi günde en az 10 kere bu sihirli kelimeyi kullanmadan gece yatağına girmiyor. Öyle ki artık bir çeşit "tik" olmuş bu kelime. Her zaman, her yerde, her şeye "Sorry!" Buraya gelişinizin ilk haftası sizi de etkisi altına alır bu kelime; artık bu kelimenin esiri olursunuz. Türkiye'de TEŞEKKÜR ETMEK ve ÖZÜR DİLEMEK herkese en başında öğretilmeli.

HARRODS & FAYED

Geçenlerde *"Harrods"* adlı mağazaya bir gideyim dedim. Bu mağaza Londra'nın, hatta dünyanın en şöhretli mağazalarından biri.. Londra'nın Knightsbridge bölgesinde ve gerçekten devasa bir mağaza. Eskaza "gezeyim" deseniz herhalde birkaç gün alır. Londra'nın en ünlü caddesi olan Oxford Street bizim İstanbul'daki İstiklal Caddesi gibi bir caddedir ve kalabalıktan yürüme zorluğu çekersiniz; ama Oxford Street kalabalığı bile bence Harrods'a akan insan selinin yanında bir şey değil. Londra'da bu kadar insanı başka hiçbir yerde göremezsiniz. Binlerce insan bu mağazaya akın akın gidiyor; bir o kadarı da oradan çıkıyor. Dehşet büyük ve lüks bir yer. Buraya uğramayan turist herhalde yoktur.

Bu mağaza sanki İngiltere'nin Ulusal Gururuydu (National Pride); fakat birkaç yıl önce İngilizlerin pek de hoşlanmadığı Mısır asıllı zengin işadamı Muhammed El Fayed'e satıldı. Hatırlarsanız Diana'nın sevgilisi olan oğlu kaza da Diana ile beraber can vermişti. Burada hâlâ bu kazanın suikast olabileceği, Diana ile Fayed'in oğlunun evliliğini engellemek için yapıldığı konuşuluyor. Sanırım İngilizler hâlâ Fayed'i sevmiyorlar; ama onun Harrods'ına tapıyorlar. Bu Fayed denen adam çok garip biri aslında. Nedense İngiliz vatandaşlığına geçmeyi, İngiliz pasaportu almayı o kadar kafasına koymuş ki gazetelerde sık sık bu konuda haberler çıkıyor, basının oklarına hedef oluyor. İngilizler de bu adamın inadına inat ona vatandaşlık vermiyorlar. Bilmem ki bu işin sonu ne olur? Belki de adam ona buna rüşvet verip pasaport ve vatandaşlık alır.

Harrods 2010'da Katar Holding'e satıldı 1.5 milyar sterline. Fayed hala daha vatandaşlık alabilmiş değil. Bu arada, oğlu Dodi ile Prenses Diana'nın 97'de araba kazasında ölümünden Edinburgh Prensi Philip ve Galler Prensi Charles'ı sorumlu tutmuş Fayed.

HYDE PARK & SPEAKERS CORNER

Harrods'a uğradıktan sonra Hyde Park'a doğru yol almaya başladım. Amacım İngiltere'nin ve Londra'nın en meşhur parkı olan bu yeri bir de sonbaharda görmek; Speakers' Corner denen o meşhur yere uğramak, konuşanlara biraz kulak vermekti.

İstanbul'un aksine Londra'da yürümek keyif verdiği için taşıt kullanmamayı tercih ediyordum. Londra'nın parkları beni hep kendine hayran bıraktı. Nasıl oluyor da bu parkları bu kadar güzel yapmayı ve temiz tutmayı becerebiliyorlardı? Hayret! Yemyeşil ve asfalttan daha düz parklar... Yağmurlu günlerde bile çamursuz.

Bu insanlarda bir *gardening* yani bahçecilik geleneği var ki sormayın. Herkesin bahçesi var evinin önünde, hafta sonları bu insanlar saatlerce bahçelerine bakıyorlar. Bu gardening merakı öyle ilerlemiş ki bahçesi olmayan insanlar bile yerel yönetimlere veya bazı kuruluşlara ait belli bir arazide ufak bir kira ödeyerek bu hobilerini gerçekleştiriyorlar ve '*allotment*' adı verilen bu yerlerde sebzeden çiçeğe her şeyi yetiştiriyorlar. Tabi mekân elverdiği ölçüde..

Eee tabi bütün bunları bilip de Hyde Park'ın güzelliğine şaşırmak imkânsız. Burası 600 dönüm üzerine kurulu ve üzerinde '*The Serpentine*' (Yılankavi) adında bir gölü bulunan büyük bir yer ve yaz ayları insanların sere serpe yattıkları bir park. Genelde burada ata binenlere, skating ve cycling yapanlara, gölde kürek çekenlere sıkça rastlanır. Fakat buranın turistler için en ilginç yanı, sanırım Speakers' Corner adını verdikleri ve isteyenin istediğini söyleyebildiği yer. Bu tip insanlara eskiden '*soapbox orator*' derlermiş; çünkü bir iki metrelik bir platformun (eski zamanlarda, sabun kutusunun) üzerine çıkıp nutuk çekermiş bu insanlar. Buradan bir sürü politikacı (ağzı laf yapan insan) yetişmiş. Çekirdekten yetişme dedikleri şey bu olsa gerek. Zamanında sabun kutularının üzerine çıkıp özgürce konuşan bu kişilerin konuşmaları en fazla sabun köpüğü kadar etkili olduğu içindir ki İngilizler dokunmaz bunlara.. Buralarda her şey cicili biçili ambalajlarda güzel şekilde pazarlanır.. özgürlük de öyle!

Hyde Park'ın konuşma yapılan bu köşesine vardığımda her zamanki gibi yine insanları konuşur, bağrışır ve tartışır buldum. En baştaki adam eline İncil'i almış İsa'yı anlatıyor etrafındakilere, onun beş on metre ilerisindeki - dinleyebildiğim kadarıyla- kendi politik düşüncelerini anlatıyor, ona buna çatıyordu. Az ileride Cezayirli bir adam bir sandalyenin üzerine çıkmış Cezayir'de Fransızların ve devletin elele verip katliam yaptıklarını, suçu onların üzerine yıktıklarını haykırıyor; yanındaki adam da bir bayrak sallıyordu. Onların hemen ilerisinde bir adam elinde bir İncil ile İngiltere'nin İncil'e bağlı kaldığı için böyle bir ülke olduğunu, bundan dolayı birçok kültürle tolerans içinde iç içe yaşayabildiğini bağırarak duyurmaya çalışıyordu. Seyircilerden İngiltere'nin politikalarını beğenmeyen bir İngiliz, ona cevap verdiğinde suratı kıpkırmızı oluyor, onu mat etmeye çalışıyor; fakat adam biraz çetin ceviz çıkınca, durduğu o yüksek platformdan '*Just get out of here!*' (Defol başımdan!) diyerek adama bağırıyor; onun nutuğunu bölmesine izin vermemeye çalışıyordu.

Ortam bir pazar yerini andırıyor, herkes fikrini, düşüncesini karşısındakine duyurmak için çaba sarf ediyordu. Bu kadar insan arasında dikkatimi en fazla, Amerika'daki zenci ve zenci Müslümanları temsil ettiğini söyleyerek siyahlara kısaca 'birleşin' diyen ve arada bir de dini tebliğ yapan bir grup çekti. Hepsi siyah takım elbise, beyaz gömlek giymiş kırmızı papyon takmışlardı. Komik görünüyor ama çok ciddi duruyorlardı. Başlarındaki adam önderlerini soruyor; orada bulunan takım elbiseli yirmiye yakın insan da hep bir ağızdan 'Elijah Muhammed' diye yanıtlıyordu. Söylemleri, her ne kadar bizim beyaz insanla alıp veremediğimiz yok diyorlarsa da siyah ırk üzerine kurulu idi. Renk kavramını bir türlü kafalarından atamamışlardı; ama çok disiplinli ve düzenli bir görüntüleri vardı. Orada fazlaca dikkat çekiyorlardı. Ku Klux Klan'ın zenci versiyonu gibi.

Onların tam karşılarında bir ideoloji türetmiş olan orta yaşlı bir adam ortaya çıkardığı ideolojiyi insanlara anlatıyor ve insanlığın mutluluğu için bu yolu tavsiye ediyordu. Yanındaki adam da etraftakilere bu ideoloji ya da öğreti ile ilgili çeşitli broşürler dağıtıyordu.

İşte böyle. Burası, yani Speakers' Corner tam bir Pazar yeri. Cıvıl cıvıl, rengârenk tam bir fikir cümbüşü.. Burada insanlar görüşlerini gizli faaliyetlerle yaymaya çalışmıyor, tam aksine eleştiriye açık bir ortamda test ediyorlar. Tabi bu test dinleyiciler için de geçerli. Ha bu arada, özgürlük kelimesini çok ciddiye almayın. Burada bir yabancı olarak karakola ya da mahkemeye düştüğünüzde size özgürlüğün ne olduğunu hemen öğretir İngilizler. Metropolitan bölge polis karakollarında son 10 sene içinde yüzlerce zencinin nezarette öldüğü(!) artık gizlenemeyen bir gerçek! Bir sürü konuda oldukça ileri görünen İngiltere'de nezarethane ve hapishane koşullarını merak bile etmeyin bence.

THE TUBE

Bir 'off' günüm daha Londra'da bu şekilde geçti. Mrs Thomas'ın evinden ayrılıp **Golders Green**'de Bir Guest House'a yerleştiğim için oraya doğru giden metroya binmek için Underground'a ya da İngilizlerin deyimi ile en yakın 'Tube'e gittim. En yakında Marble Arch 'Tube' istasyonu vardı. Londra'da metro sistemi çok gelişmiş ve şehrin altını bir ağ gibi sarmıştır. Merkezi yerler dışında, Londra sokaklarında dolaşan az sayıda insan görmenizin sebebi muhtemelen nüfusun yarısının yerin altında olmasıdır. Milyonlarca insan bu metro ağını kullanır. Biraz eskimiş olmasına ve raylar arasında sıklıkla fareler görülecek kadar yaşlanmasına rağmen henüz bu metro ağı etkinliğini kaybetmemiş olup hizmet vermeye devam ediyor. Farelerden bahsetmişken şunu da anlatayım: Burada yerin altındaki metrolarda bir sürü fare yuvalanmış durumda ve yetkililer olarla başa çıkmak için her istasyonda bir kedi görevlendirmişler. Bu kediler resmen burada görevli; görevleri de metroyu fareleri temizlemek; ancak pek de başarılı oldukları söylenemez. Zamanla memuriyete alışmış ve göbek bağlamışlar.

Golders Green

JEWS

Neyse, metroya binip Golders Green'deki Guest House'a gidiyorum. Golders Green genelde Yahudilerin yaşadığı sakin ve ufak bir yer. İtiraf edeyim hayatımda bu kadar Yahudi'yi başka bir yerde gördüğümü hatırlamıyorum. Elbette burası Londra ve bu değişik kültürlere insan zamanla alışıyor. Guest House (pansiyon) denen yerler, otel ev karışımı, tek ve çift kişilik odaları bulunan ve kalanlara kahvaltı da veren yerler. Benim kaldığım Guest House'un sahibi de Martin adında bir Yahudi.

SAINSBURY

Guest House'a geliyorum ve üst kattaki odama çıkıyorum, biraz dinlenip portakal suyumu içtikten sonra denizcilik kitaplarını ve dergilerini karıştırmaya başlıyorum. Saatler böyle geçiyor.

Sainsbury's

Akşam saat 20.00 civarında dışarı çıkıp bir şeyler almak için Sainsbury adlı marketler zincirinin biraz ilerdeki bir halkasına gidiyorum. Sainsbury, mazisi yüzyıldan fazla olan ve burada çok güvenilen bir market. Burada 50 yıllık ya da daha eski işyerleri, binalar, işletmeler görüyorum. Hatta bazen birkaç yüzyıllık şirketlerle, işletmelerle karşılaşıyorum. Bu tip yerler, bu ülkedeki 'stability'nin (devamlılığın) canlı şahitleri. Bu yerler, bu ülkenin, aralarında iki dünya savaşının da yer aldığı önemli sarsıntılar geçirmesine rağmen nasıl hala dimdik ayakta kaldığının ve istikrarını koruyabildiğinin bir göstergesidir.

Bir gün, Vogt & Maguire adında bir gemi alım-satım ve kiralama firmasından bir ziyaretçi geldi şirkete. Yaşlı bir adamdı gelen. Biraz hoşbeşten sonra sebeb-i ziyaretini anlattı. Çalıştığı şirketten emekli olmuştu. "Kaç yıldır bu firmada çalışıyorsun?" diye sordum. Cevabı beni şaşırttı, "50 yıldır." dedi. Tek bir şirkette 50 yıl çalışmış başka kimseyi tanımıyordum. Belki bu istikrar ve güvence insanlara bir yerde bir Devlet'in var olduğunun en büyük kanıtı...

BİTMEYEN TADİLAT
Sainsbury'den meyve suyu, kola ve yiyecek bir şeyler alıyorum. Her zamanki gibi buradaki içeceklerin çeşitliliği beni tercih yaparken zor durumda bırakıyor. Dışarı çıkıyorum ve evlere bakıyorum, hepsi yıllanmış şarap gibi... Sokaklar belki yüzyıllardır değişmemiş. Yüzyıl öncesinin İngiltere'sine gidebilseniz, belki aynı sokağı, aynı biçimde ve aynı isimle bulursunuz. Biraz ilerideki Guest House'a gelmem fazla vaktimi almıyor. Evde tadilat var ve halıdan boyaya her şey yenileniyor. Bir an düşünüyorum. Bir işadamı gibi aklıma yeni şeyler geliyor. Diyorum ki, belki de İngiltere'de en fazla para kazanılabilecek iş tadilat ve dekorasyon işidir. Çünkü bütün binalar eski; her birinin sürekli tadilata ve bakıma ihtiyacı var.

THE CITY
İngiltere genelde hizmet sektörü ile para kazanan bir ülke. Dünyanın büyük bankaları ve sigorta şirketleri burada bulunuyor. Dolayısıyla dünya ticaretinin önemli bir kısmı buradan bir şekilde geçmek durumunda kalıyor. Yani dünya ticaretinde her yol bir şekilde Londra'ya çıkıyor.

Londra'nın tam kalbinde 'City' adını verdikleri ve halk arasında 'the square mile' denen ve dünyanın bir çeşit ticaret merkezi olan bir yer var. Kendine has bağımsız bir yönetimi ve polis gücü var bu bölgenin. Londra'da 540 yabancı banka var ve birçoğu 'City'de. İngiliz finans kurumları, bankaları bir yılda sadece yurtdışı işlemlerinden 20 milyar sterlinin üzerinde para kazanıyorlar. Sanırım bu rakam buradaki hizmet sektörünün gücünü göstermek açısından önemli. Hizmet sektöründe her geçen gün daha fazla insan çalışıyor ve bunlar genellikle bankacılık, sigorta, finans işleri ile meşgul. Londra Borsasındaki işlemlerin yaklaşık %60'ını yürütüyorlar. Yani Londra bir anlamda 'para' anlamına geliyor. Böyle bir yerin dünyanın en pahalı ilk üç şehri arasında olması sanırım yadırganmaz.

City ile ilgili ufak bir tecrübem oldu. Bir Pazar günü -neden bilmem- 'biraz gezeyim' dedim. Koskoca şehirde benden başka kimse yoktu sokaklarda. Tıpkı bir hayalet şehir gibiydi. Sanırım burada hafta içi insanlar, hafta sonu hayaletler cirit atıyor. Tabi insan şaşırıyor. Bu kadar büyük bir yerin bomboş olması çok garip geliyor. Aslında yüzölçümü büyük bir yer değil, 5 ya da 10 tane ismi bilinen büyük caddeden oluşuyor burası ama bütün büyük firmaların merkezleri burada. Bütün binalar oldukça görkemli. Bu da ufak bir yeri büyük göstermeye yetiyor. Bir keresinde buraya bizim şirketin İstanbul'daki yetkilileri bir geminin satışı için gelmişlerdi ve City'de büyük bir bankanın bilmem kaçıncı katında bir odaya alınmıştık 3 kişi. Karşımızda Hindistan'dan gelen alıcılar. 4-5 kişi de onlar. Masada kurabiyeler ve çaylar. Banka personeli arada bir odaya girip çıkıyor. Sonrasında evraklarımızı sunduk karşı tarafa. Onlar tek tek inceleyip banka yetkilisinhe verdiler. Tüm evraklar teker teker incelendikten sonra geminin satışı banka yetkililerince onaylandı ve Hindistanlılardan satış parasını transfer etmelerini istedi bankanın müdürü. Neredeyse hiç konuşmuyorduk. Sadece belgeler konuşuyordu. Hintliler kendi aralarında konuşup telefon ettiler Hindistan'a paramızın havale talimatını vermek için. 15-20 dakika sonra odaya bir banka memuru girdi ve bize havalenin bankaya ulaştığını haber verdi. Biz de İstanbul'daki Halkbank'a transfer edilmesini istedik paranın. Biz beklerken para oraya da transfer edildi ve İstanbul'u telefonla arayıp paranın hesabımızda olduğunu teyit ettik. Tüm bu işlem ortalama bir buçuk saat kadar aldı sanırım. İşte İngiliz bankaları bu şekilde aracılık hizmetleri yapıyor ve para kazanıyorlar. Bilmiyorum bizim işlemden ne kadar kazandılar ayaküstü ama herhalde 50-60 bin dolar civarında bir paradır bu. O zamandan bu yana büyük bankaların onsekizinci, yirmi sekizinci katlarında neler yapılıyor daha iyi biliyorum artık.

OUR WORD OUR BOND
Gemicilik sektörünün en önemli borsası olarak bilinen **Baltic Exchange** de City sınırları içinde. Kendilerine iyi bir slogan bulmuşlar: **our word our bond**. Burada verilen söz bir senettir. Borsa içinde bir kişi bir diğerine "gemimle senin yükünü şu navlun karşılığında şu sürede taşırım" deyip bir süre sonra -sözler yazıya dökülmeden önce- sözünden cayarsa, muhtemelen Borsada bu kişiyi bir daha görmek mümkün olmaz. Dünya ticaretinin üç beş merkezinden biri olan bu kuruluş ticaretin temellerinin insanların birbirlerine verdikleri söz olduğunu bir kere daha hatırlatıyor bana.

Buradaki Christmas tatilinde Türkiye'ye gittim. Hem Ramazana hem de yılbaşına denk gelmişti. Londra'ya döndüğümde tanışmam için verilmiş birkaç isim vardı elimde. Bu kişileri aradım ve uygun zamanlarda da buluştum. Bir insanın yurt dışında bulunmasının en iyi yanlarından biri de yeni insanlarla daha hızlı tanışıp kaynaşması. Hâlbuki kendi etrafımızda tanışılmayı bekleyen binlerce insan vardır hepimizin. Nedense işler zorlaşmayınca kimse yeni birileriyle tanışmak istemiyor. Herhalde öyle durumlarda eskilerle idare ediyoruz. Gurbette en kötü şey yalnızlık olurdu herhalde.

Kendi ülkenizde ancak belli sayıda ve belli özellikte insanla tanışabilirken burada her çeşit insanla tanışma fırsatınız oluyor. Yeni dostluklar kolay gelişiyor ve burada insanlar daha samimi ve yakın.

Buraya yeni gelenler burada ne kadar Türk ve yabancı dost edinirlerse, özel hayatları ve iş hayatları için eminim o kadar yararlı olacaktır. Okuduğum okulda ileride hayatını denizcilikten kazanacak birçok arkadaşla tanıştım. Bunlar arasında Yunanlılar, İngilizler ve Türkler vardı. Chartering dersinde sınıf hocamız, "Bu kursta burada öğreneceklerinizden çok, burada tanıyacağınız kişiler önemli. Zira bu sektörden tanıdığınız her kişi meslek hayatınızı bir adım ileri taşımak için fırsat olacak." demişti. Zaten büroda David de "It's not what you know, it's who you know." demişti. Her alanda olduğu gibi denizcilikte de neyi bildiğin değil kimi tanıdığın önemliydi. Garip bir şekilde herkes aynı şeyi söylüyordu burada: öğrendiklerin sende kalsın, asıl hazinen tanıdıkların.

COCKNEY - RYHMING SLANG
Uzun zamandır merak ettiğim bir şey daha vardı: *Cockney*, yani "harbi" Londralının İngilizcesi. İngiltere'de değişik aksanlar (dialects) var. Mesela Liverpool civarındaki insanların konuştuğu aksana **Scouse**, daha kuzeydeki Tyneside'daki aksana **Geordie**, güney batı İngiltere'de konuşulan aksana **West Country** aksanı diyorlar. Hepsinin kendine göre özellikleri var. **Cockney** ise doğu Londra'nın İngilizcesi. Geleneksel olarak Bow Çanları'nın (Bow Bells) sesi altında doğanlara Cockney deniyor. Bow, Londra'nın doğusunda bir yer. Bu dili kullananlarla henüz tanışamadım ama şirkete gelip Amy'ye sordum. O da bana Cockney-Rhyming Slang (kafiyeli argo) hakkında birkaç ipucu verdi. Bazılarını ve nasıl kullanıldıklarını aşağıya yazacağım.

Trouble and strife is your wife (trouble and strife = wife)

Bu dili kullanan insanlar 'wife' kelimesini kullanmak yerine kafiyeli bir argo olan 'trouble and strife' ifadesini tercih ediyorlar ve mesela: 'This is my wife' demek yerine 'This is my trouble and strife' diyorlar.

Plates of meat = feet   (Do your plates of meat hurt?)
Barnet fair = hair   (What is that on your barnet?)

www.tvradiobits.co.uk adresinde The Chronicles of Des and Mick adlı bölümde İngiliz mizahına örnekler bulmak mümkün. Burada, konuşmacılardan birinin ilk duyulduğunda anlaşılması neredeyse imkânsız bir konuşması Cockney için iyi bir örnek olacak cinsten:

> What he means is, we've got into a bit of Barney Rubble!" said Mike, taking over the phone. "Some tea leaves have half-inched my jam jar, they're like a bunch of dustbin lids round here, and Wayne's got a cut on his boat race!

> What he means is, we've got into a bit of Barney Rubble (trouble)!" said Mike, taking over the phone. "Some tea leaves (thieves) have half-inched (pinched) my jam jar (car), they're like a bunch of dustbin lids (kids) round here, and Wayne's got a cut on his boat race (face)!

> Barney Rubble = trouble Jam jar = car
> Tea leaves   = thieves Dustbin lids = kids
> Half-inched   = pinched Boat race = face

Cockney terimleri yaygın olarak kısaltılıyor. Örneğin

"butchers hook (look)" ifadesinin:
("take a butcher's hook at that" yerine) "Take a butchers at that"
ya da
"my old china plate (mate)" ifadesinin
("Hello my old china plate" yerine) "Hello me old china"

şeklinde kısaltılarak kullanılması çok normal bir uygulama. Bu arada, **china** kelimesi porselen anlamına gelmesine rağmen, İngilizler arkadaş (mate) kelimesi için de sevgi ifadesi olarak *china* kelimesini kullanıyorlar.

Cockney aksanı kullananlar bu kelimeyi alıp kafiyeli hale gelmesi için *mate* yerine *china plate* kullanmışlar.

Daha güncel kullanımları da var Cockney aksanının...

Tony Blair = Hair
Britney Spears = Ears

Bunları çoğaltmak isterdim. Çok akıllıca, renkli ve zevkli bir dil kullanımı var. Dil öğretirken biraz da bu renkli taraflara girmek lazım.

CHARITY SHOP

Dün bir Charity Shop dikkatimi çekti. Oturduğum Golders Green'de bulunan bu Charity Shop bir Yahudi yardım kuruluşuna aitti; bir Yahudi anaokulu için ikinci el eşya satılarak yardım ve para toplanıyordu.

Yahudiler gerçekten akıllı adamlar; ama bu işi yapan sadece onlar değil. Eşyalar genellikle buralara bağış olarak veriliyordu ve gayet temiz, hiç yıpranmamış eşyalar çoğunluktaydı. Fiyatlar da dışarıdakinin dörtte biri civarında. Burada giyim eşyasından antikaya, hediyelik eşyadan aksesuara kadar herşey var. İşin enteresan tarafı hiçbir yerde bulamayacağınız orjinallikteki bazı süs eşyalarını buralarda çok rahatlıkla buluyorsunuz. Bu dükkânlar sayesinde hem ucuz mal almak isteyenler muradına eriyor hem yardım kuruluşları maddi ihtiyaçlarının bir kısmını karşılıyor. Fikirçok ilginç ve güzel aslında. Bazen bazı kuruluşlar insanlardan bir dernek ya da vakfa yardımda bulunmalarını isterler. Her insan para veremeyebilir; ama evinde verilecek öteberi mutlaka vardır. Hayır işleri ile uğraşanlar için yeni bir yardım kapısı... İnsanların kullanılmış eşyalarını toplamak paralarını istemekten (fundraising) daha kolaydır.

ÇETELER - GANGS & GANGTERS

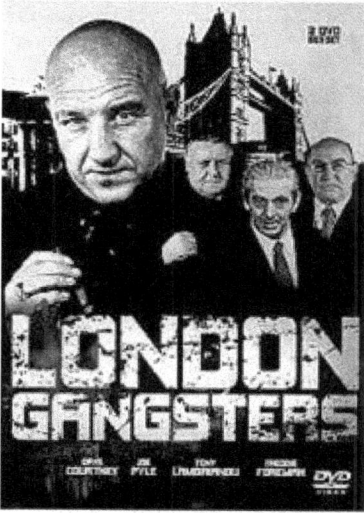

Son gelişimde Heathrow Havaalanındaki olağanüstü hal dikkatimi çekmişti. Londra'ya girişte ilk defa iyi koku alan polis köpekleri tarafından arandık. Uçaktan indikten hemen sonra polis köpekleri kafalarını çantalarımıza doğru uzatarak teftişi gerçekleştirdiler. Temiz çıktık. Eminim uçağın kargo kısmındaki valizlerimiz de aynı şekilde kontrole maruz kalmıştır. Tabi unutmadan şunu da söyleyeyim, gümrükçüler de elimizde çanta valiz ne varsa baştan aşağı arayıp taradılar. Aradıkları besbelli ki 'beyaz' maddelerdi.

Bunun böyle olduğunu ve bu arama taramanın boşuna olmadığını birkaç gün sonra haberleri dinledikten ve gazeteleri okuduktan sonra öğrenecektim. Scotland Yard'ın ünlü dedektifleri -Sherlock Holmes'un torunları- çok büyük bir Türk çetesi ele geçirmişlerdi. Yazılıp çizilenlere göre bu çete İngiltere'nin bütün eroin ihtiyacını karşılıyormuş. Bu çete bütün İngiltere'ye haftada 20, yılda 1 milyon pound'un üzerinde eroin dağıtıyormuş. Gazeteler İngiltere'ye giren eroinin tamamının kökünün kazındığından bahsediyorlar. Bu çete faaliyetlerini gizlemek ve bir kalkan olarak kullanmak için North London bölgesini yani Türklerin çok olduğu bölgeyi kullanıyormuş. Şaşırdığım söylenemez bu haberlere. Aslında bu işin daha da ileriye gideceğini düşünüyorum. Ne ekerseniz onu biçersiniz demişler. Batı, yıllardır PKK terörünü görmezden geliyordu ama PKK'nın terörü bu paralarla finanse ettiğini de herkes biliyordu. Kısaca genelde beyaz işi ile uğraşanlar PKK sempatizanı ya da direkt bu örgütün içinde insanlar. Batı bu örgüt ile bizi vurmak isterken kendini de vuruyor. Kaderin cilvesi. Tebessüm ediyorum ama bir yandan da eroinle uyuşturulmuş insanlara acıyorum. Afganistan Batı'nın "ot bahçesi." Dedim ya, bu adamlar bahçelerle uğraşmayı severler.

İngiltere garip bir ülke.. Burada 10 yaşındaki çocuklar bile çete kurmak ve tecavüz suçlarından yargılanıyor. Hal böyleyken çeteciliğe küçük yaşlarda alışmış ve başlamış olan İngilizlerin büyük bir çeteleri hiç olmamış. Yani İngiltere hep çocukların çetecilik yaptığı bir ülke olarak kalmış. Çeteler mahallelerden öteye pek gidememişler. Bilakis, çocukluğunda o kaka kelimeyi pek duymayan Türkler çeteler kurmuşlar. Bana garip geliyor. Belki de burada hapse giren çetecilerin hapiste uzun ve PİS yıllar geçiriyor olmalarındandır.

Evening Standard
NAMED: THE 257 LONDON GANGS

İngiltere çeteci çocukları ile olduğu kadar yaşlı sakinleri ile de ünlü. Buraya ilk geldiğimde açıkçası bu kadar yaşlıdan korkmuştum. Genç yoktu etrafta. Daha sonra görecektim ki gençler genellikle gece dışarı çıkıyorlar. Onları görebilmek için bu sefer geceleri de dışarı çıkmaya başladım. Tabi belli bir saatten sonra dışarıda bulunmak çoğu zaman akıllıca sayılmıyor burada. Bazen arabayla zenci mahallelerinin yanından normalin üzerinde süratle geçtiğimizi hatırlıyorum. Brixton'a bir kez gündüz vakti girmiştik de az daha başımıza olay gelecekti. Mahalledekiler bize pis pis bakmaya başlamışlardı. Siyah mahallesinde iki beyaz! Hızlı adımlarla metro istasyonuna geri dönüp bindik bir vagona kaçar adımlarla. Birkaç kere de yolda bazı zenciler beni durdurup çakmak sormuşlardı tehdit eder gibi. Sigara içmiyorum demiştim sert bir ifadeyle. Dalaşmaya hazır sayılırdım; belki de bu yüzden dalaşmadılar bana fazlaca.

Hazır ol cenge ister isen sulh-u salah.

Bu ülkede bilimsel gelişmelerin de etkisiyle insanlar fazla yaşıyor. Erkek ömrü ortalama 74, kadın ömrü ise 79 yıl. Son yüzyılda yaş ortalaması iki katına ulaşmış neredeyse. Eskiden 50'sine dayanan İngiliz ölürken artık ölmemekte direniyor. 30 yıl önce toplumun %12'si 65 yaş üzerinde iken şimdi bu oran %16'ya çıkmış ve yakında da İkinci Dünya Savaşı sonrası yaşanan 'baby boom' yani bebek patlamasının da etkileriyle bu oran %20'ye çıkacak. İşte o zaman 'Poor Old England' olacak.

Sokaklarda gençler homeless ya da dilenci kılığında gezinirken yaşlı İngilizler geniş evlerinde tek başlarına yaşıyorlar. Daha dün akşam Haymarket'ta yürürken genç bir evsiz gördüm, hemen ilerisinde yaşlı bir kadın o tarafa doğru yürüyordu. Yaşı 90'nın üzerindeydi ve kamburdu. Lakin boynunda bir sürü altın olmayan ama antika değeri taşıdığı belli kolyeler vardı. Doksanlık nine o yaşında sırtındaki kambur yüzünden yerlere kadar uzanan o kolyeleri takıyor ve belli ki tek başına yaşadığı evine doğru gidiyordu. Genç evsizin bir ona bir de boynundaki kolyelere baktığı gözümden kaçmadı. Adeta 'Seni ihtiyar pinti!' der gibiydi. Bu gibi olaylar burada vakayı adiyeden sayılıyor.

BRITISH COUNCIL
Beyaz işi ile ilgili haberleri okuduğum sırada burada sol eğilimli olarak bilinen 'The Guardian' gazetesinin ilanlarından biri dikkatimi çekti. Şubeleri her ülkede ve tabi ki bizim ülkemizde de bulunan 'The British Council'ın ilanı. Gazete ilanında deneyimli ve eğitimli dört pazarlama uzmanı aranıyordu. İşin adı dikkatimi çekti: Education and Training Marketing. Aslında İngilizlerin kendi dillerini pazarlamak için yıllardır yaptıkları şeydi bu. Yani garipsenecek bir tarafı yoktu. Benim asıl ilgimi ise yazının devamı çekti. Burada The British Council'ın amacı belirtiliyordu.

The British Council is actively involved in each country in the promotion of British education and training with the purpose of increasing the UK's share of the international market.

British Council (İngiliz Kültür Derneği) her ülkede İngiltere'nin uluslararası pazardan aldığı payı artırmak amacıyla İngiliz eğitim ve öğretiminin teşvik edilmesi ile aktif olarak ilgilenmektedir.

Evet, İngiltere yıllardır akıllıca bir politika yürütüyor, bu kurum aracılığıyla kültür ihracı yapıyordu ve bunun karşılığında da uluslararası pazardan pay almayı hedefliyordu. İngiltere'nin eğitim işindeki en büyük rakipleri ise Amerika ve Avustralya; çünkü bu ülkelerde eğitim daha ucuz. İngiltere bu kuruma özellikle bazı kilit ülkeler de çok önem veriyordu; çünkü her iş altyapısı ile birlikte vardı. Bu yerler de İngiltere'nin 'halkla ilişkilerini' düzelten yerlerdi. Öyle ya, artık devletlerarası diplomasinin yapıldığı elçilik konutlarından çıkmak; halkın arasında 'public diplomacy' yapma zamanı. Çünkü sadece 'eken biçer'; İngiliz Kültür Derneği ekiyor, İngiliz devleti biçiyor.

Bir ülke içinde o ülkeye ait olmayan her şey her zaman dikkatimi çekmiştir. Elçilikler, yabancı şirketler, yabancı okullar, kültür konseyleri vesaire. Bir ülkede bunların sayısı ne kadar çoksa o ülkenin dışa bağımlılığı (ya da bugünlerdeki adı ile globalleşme) o kadar artmıştır. Bütün istatistikler de bunu duğrular.

Türkiye de İngiliz Kültür Derneklerine alternatif olarak Yunus Emre Enstitüsü'nü kurdu ve tüm dünyada artık Yunus Emre Kültür Merkezleri açılıyor. Türkçe ve Türkiye adına güzel bir adım bu.

AMNESTY INT'L & CHARITY

'Amnesty International' adlı 'İnsan Hakları'nı savunduğunu iddia eden örgütün ilanını da aynı gazetede gördüğümde, 'Tam yerine rastgeldi.' dedim.

Ortaokul sıralarında iken Monika Schaef adında Alman bir mektup arkadaşım vardı. Kızcağız bu örgütün üyesiydi ve elinde bu örgütün Türkiye dosyası vardı. Neyse ki dosya Türkçe olduğundan resimlere bakmaktan ileri gidemiyordu. Bu dosyayı bana gönderdi ve benim de istersem Amnesty International'a üye olabileceğimi mektubunda yazdı. Dosyayı aldım ve inceledim. Türkiye hakkında pek de iç açıcı şeyler yazılıp çizilmemişti. İşkence raporları, işkence görenlerin anlattıkları vs. vardı sayfalarında. Bu dosyayı okuyan eminim tıpkı 'The Midnight Express'i seyreden biri gibi cin çarpmışa döner ve bu ülkeden nefret eder. O tarihlerde hayatımda belki ilk defa Türkiye aleyhinde yazılmış bir şeyler karıştırıyordum.

Yukarıda belirttiğim ilanda Amnesty International eleman arıyordu. Özellikle de **fundraising, advertising, research conducting, new members** ve **organising events** gibi ifadeleri sıkça kullanarak ilanda kurumun '**Equal Opportunities Policy**' anlayışından bahsediliyor ve kurum içinde sayıca az olan etnik azınlıklara ve özürlü insanlara da eşit haklar verildiğinden dem vurularak bu görevler için başvurmaları teşvik ediliyor, kısaca onların da gönlü alınmış oluyordu.

Bu örgüt bir hayır kurumu yani 'charity' idi. Gücünü halktan alıyordu; halkın gözünde imajı yüksek olmalıydı. Her zaman bu tip örgütlerin kendi ülkelerini kayırdıklarını düşünmüşümdür. Mesela Greenpeace'ten birtakım insanlarla tanıştım. Bu tür örgütlerin büyük devletlerce önümüzdeki 10-20 yıl içinde terör örgütlerinin yerine **ikame** edileceğini düşünüyorum. Terör devri bitecek ve sivil toplum örgütleri savaşacaklar artık devletlerle. Süreç başladı bile.

Bizde hayır işleri ile uğraşan 'vakıflar' yerine burada 'charity'ler var. Üstelik dünya çapında da güçlüler. Dünya siyasetini etkileyecek kuvvetleri var. Mesela **Amnesty International** 'Türkiye'de insan hakları yok' falan dese, boğazımıza yapışırlar. Şaşırmamak elde değil. Bir tarafta günahıyla sevabıyla koca bir devlet, öte tarafta ise bir *charity* görünümlübir kuruluş. Kedinin fare ile oynadığı gibi koca devlet ile oynayabiliyor ve ciddi bir baskı kurabiliyor... Siyasi bir kimliğe bürünmüş charity kurumları yanında bir de siyasete bulaşmamış ve cidden toplum yararına işlerle uğraşan hayır kurumları var. En büyük örneklerinden biri de 'MENCAP'. Bu kuruluş bu ülkede sayısı bir hayli fazla olan ve halk arasında 'deli' denen zihinsel engelli insanlar ve aileleriyle ilgilenmek için kurulmuş ve yaklaşık 60.000 üyesi var.

MANNERS

Bu İngilizlerin sümkürmelerine hayranım. Çıt çıkmayan bir yerde birden bir kişi cebindeki mendili çıkarıyor; burnuna doğru götürüyor ve o küçük burnundan ne kadar ses çıkabilirse hepsi çıkıyor. Dehşet bir ses.. Birkaç defa tekrarlanıyor bu. Daha sonra bir şey olmamış gibi mendil cebe konuyor.

MIND YOUR MANNERS

Bir de bunların elle fazlaca yemek yemeleri. Sanırdım ki elle sadece Araplar yemek yer. Hâlbuki İngilizler ellerinin yarısını yemeğin içine sokuyorlar. Elle yemekten zevk alıyorlar. Ben de hiç alışık olmadığım halde bunu yapmaya başladım ve yemekten daha fazla tat aldım. Diyebilirim ki çatal-bıçak gibi soğuk, demir nesneler yemeğin tadını kesinlikle azaltıyor. Bir de parmaklarını yalayışları yok mu.. mest ediyor beni.. Bu tiplerden bolca gördüm Mehmet abinin restoranında.

- **Welsh, Irish** ya da **Scottish** birine **English** demeniz hoş olmayabilir. Rahatsız olabilirler. **British** derseniz alınmazlar.
- Bir otobüste veya sinemada boş koltuklar varsa, insanlar genelde birbirlerine mesafeli otururlar ve birbirlerine dokunmamaya çalışırlar. Dokunurlarsa özür dilerler.
- İngilizlere *"It's a lovely day today, isn't it?, You seem to have put on some weight., Did you have a good journey?, What a lovely dog. What is his name?"* türünden cümlelerle yaklaşmak en akıllıca yöntemdir.
- Bezelye yerken, nazik olmak için bezelyeleri çatalın arka tarafıyla ezdikten sonra yemek yerinde olur.
- Ev sahibiniz yemeğinizi yedikten sonra size *"Would you like some more?"* diye sorarsa *"Yes please"* veya *"That was lovely, but I'm full, thank you."* şeklinde cevap verebilirsiniz.
- Birinin evinde tuvalet sorarken, *"Excuse me. Could you tell me where the toilet is, please?"* cümle yapısını kullanın. Kafe veya restoranda iseniz soru şu şekilde değişir *"Excuse me. Could you tell me where the ladies / gents is, please?"* Daha informal ortamlarda (orta sınıf ve orta sınıf altı insanlar arasında) *"loo"* kelimesi tuvalet kelimesinin yerini alır.
- Sıra bekliyorsanız, sabırlı olmanız beklenir.
- *Excuse me, please, thank-you, sorry* ifadelerini sıkça kullanmanız gerekir.
- Birilerine gözünüzü dikip bakmanız kaba bir harekettir. Hoş karşılanmaz.
- Bir pubda içecek isteyebilmeniz için 18 yaşından büyük olmanız gerekir. Bazı durumlarda yemekle birlikte söylenmesi halinde 16-17 yaşındakilere de alkollü içecek servisi yapılır. Aile publarına çocuklar

girebilir ve içeride onlara uygun alanlar ayrılmıştır. Barmene bahşiş vermek yaygın değildir. Ama **"have a drink on me"** *(benden bir içecek al)* dediğinizde bu bir bahşiş anlamına gelebilir. Pubların birçoğunda sigarasız yer bulunur. Buralarda sigara içmeyin.

- Birine çarpıp içeceğini dökerseniz, yeni içecek almayı teklif etmeniz gerekir.
- Kapanışa 10 dakika kala (10:50) bar sahibi zili çalar ve genellikle **"Last drinks at the bar"** ya da "**Time, gentlemen, please!"** der. Saat 11'den sonra özel izinli yerler dışında içki satışına izin verilmez. Kapanış saatinden 20 dakika sonra içmeyi bırakmanız gerekir. Aksi halde sizden çıkmanız istenir.
- Yaygın yemekler: Shepherd's pie, Banger (sausages) and mash, Fish and chips, Roast beef, roast potatoes, green beans and gravy, rice pudding, fruit crumble and custard, trifle.
- *"May I have the bill, please?"* derseniz hesap önünüze gelecektir.

JACK THE RIPPER – KARINDEŞEN JACK

Bir gün Amy ile oturmuş konuşuyorduk. Ben Jack The Ripper'dan söz açtım. Bu adamın cinayetleri **burada** yani **Aldgate East - Whitechapel** civarında işlediğini söyledim. Bu şahıs karınlarını deşerek bir sürü 'hayat kadınını' öldürmüş. Hakkında onlarca kitap yazılmış, film çevrilmiş. Türkçe'ye 'Karındeşen Jack' adıyla çevrildi bunlar. Amy bana bu adamın muhtemelen bir aristokrat olduğunu ve cerrah olabileceğini söyledi. "Çünkü" dedi, "bu adam sıradan biri olsa hemen yakalanırdı. Fakat aristokrat olduğu için buna göz yumuldu ve yakalanmadı." Halk böyle inanıyormuş. Bana bir de burada bazı akşamlar **'walking tour'**lar düzenlendiğini ve rehberin Jack The Ripper'ın işlediği cinayet yerlerini gezdirdiğini söyledi. Gruplar bizim Aldgate East Tube Station'da toplanarak gezmeye başlıyorlarmış. Ben **Jack the Ripper** denen kişinin Polonya kökenli bir Yahudi olduğunu ve bu yüzden, adı bilinmesine ve hatta yakalanmasına rağmen, bağlantıları nedeniyle tutuklanmadığını düşünüyorum. Olayla ilgili olarak o tarihlerde birkaç Yahudi de tutuklanıp bırakılmış. Bugünlerde birçok blogda bu kişinin bir İngiliz olmadığı yazılıp çiziliyor. Öldürülenlerden biri olan Lizzie Stride'ın cesedinin de o anda *Yahudilik ve Sosyalizm* adlı bir konferansın yapıldığı ve sıklıkla Yahudi sosyalistlerin geldiği Uluslararası Emekçi Erkekler Kulübünün önünde bulunması da ilginçtir. Bir diğer iddia da cinayetleri Kosminski adında, o dönemde kadın satıcılığı yapan bir Polonya Yahudisinin çalıştırdığı kadınları sindirmek için işlediği.

Bugün İngiltere siyasetinin ve istihbaratının merkezi olan **Whitechapel** ve civarı eskiden 200.000 kadar yahudinin yaşadığı bir Yahudi mahallesiydi ve bu mahallenin adı dünyanın en zengin eilesi olan **Rothschilds** ailesi ile birlikte anılıyordu. Şu anda bile Amerikan ve İngiliz merkez bankalarının işletmecisi ve sahibi bu ailedir! **Whitechapel** civarında kafelerde publarda dolaşırsanız bol bol James Bond'la karşılaşabilirsiniz. Yahudilerin İngiliz politikasına etkileri İngiliz ulusalcıları tarafından ciddi reaksiyon görmüş yüzyılın başında ama para karşısında bir şey yapamamışlar onlar da. Tepkileri sloganda kalmış:

Who is corrupting our morals? -The Jews
Who is destroying our Sundays? -The Jews
Who is debasing our national life? -The Jews
Shame on them. Wipe them out.

LONDRA'DA YÜRÜYÜŞ TURLARI

Londra'nın en farklı eğlenceliklerinden biri de şehir yürüyüşleri. www.walks.com adresinde Londra'da bu alandaki en büyük tur organizatörlerinden birini bulabilirsiniz. Bu turlardan birkaçına (hatta vaktiniz varsa hepsine) mutlaka katılın. Mevcut yürüyüş turlarından bazıları şunlar:

Jack the Ripper Tour
Day Trips from London
The Olympics Walks
The Royal Wedding Walk
The British Museum Tour
London's Secret Village
The Queen's Jubilee Walk
The Secrets of Westminster Abbey
Old Hampstead Village
The London Tour – Westminster & the West End
The Old Jewish Quarter – Whitechapel
The Famous Square Mile – 2,000 Years of History
The Beatles Magical Mystery Tour
Ancient London – Knights, Nuns & Notoriety
Shakespeare's and Dickens's London – the Old City
The Unknown East End
The Tower of London Tour
The Harry Potter Film Locations Tour
Soho Tour
Ghost Walks - Haunted London

KANALİZASYON İŞLERİ

Londra kadar büyük ve tek coğrafi özelliği dümdüz bir yer olmak olan bir şehirde en büyük sorunlardan biri emin olun kanalizasyon sorunudur. Hiçbirimiz bilmeyiz bu sorunun büyük şehirlerde nasıl çözümlendiğini. Birileri bizim pis işlerimizi yapar. Haberimiz bile olmaz. Londra'da da durum aynen böyle.

Londra'nın kanalizasyon altyapısı epey eski. Viktorya dönemine ait bir altyapı kurulu şehirde. Şehrin kanalizasyonlarını açık tutan kişilere **flushers** deniyor. Başlarında **ganger** adında bir ustabaşının olduğu beş kişilik ekipler halinde çalışıyorlar. Kalın koruyucu elbiselerini giyinip kanalizasyona giriyor ve dip tortusunu küreklerle temizliyorlar. Yerin altında olan bu çalışmayı hiçbirimiz görmüyoruz ama yerin altında binlerce kişi çalışıyor Londra'da.

Yaptıkları bir iş de gaz birikmelerini tespit etmek ve fareleri imha etmek. O kadar fare var ki yerin dibinde bir yıl içinde 500.000 fare öldürdükleri bile oluyor. Fare idrarından bulaşan ve insan beynini etkileyen bir hastalık olan **Weil Hastalığı** ve **hepatit** en büyük riskleri.

BANKALAR
Geçen hafta Perşembe günü bankadan yaptığım işlemlerin dökümünü içeren hesap özeti elime ulaştı. Aslına bakarsanız bunu ben istemiştim çünkü hesabımda bir gariplik vardı. Kontrol etmek istedim ve bankamatiklerden birine gidip 'order a statement' tuşuna bastım; onlar da adresime bir hesap özeti gönderdiler. Banka ekstresinden gördüğüm fazladan çekilmiş 160 pound beni şaşırttı. Ben böyle bir işlem yapmamıştım. İşlem Golden Green Guest House tarafından yapılmıştı.

Şüphelendim; çünkü bu pansiyonu bir Çek kız işletiyordu ve pek de güvenilir biri değildi. Aslında sahibi Martin adında, Yahudi olduğunu tahmin ettiğim -bölgede genelde Yahudiler bulunduğu ve pansiyondaki bazı kapıların yanlarına İbranice muskalar (**mezuzah**) asılı olduğu için- bir kişiydi. Nasıl biri olduğunu bilmiyordum; çünkü bir kere görmüştüm ama Çek kız sağlam pabuca benzemiyordu.

Doğruca Barclays Bank Golders Green Branch'a gittim. Hesabımdan benim dışımda birileri tarafından para çekildiğini söyledim. Sırf bu yüzden 'overdrawn' olmuştum. Burada bankalar müşterilerine overdraft imkânı veriyorlar, yani bankada paran kalmazsa verilen limit kadar fazladan para çekebiliyorsun.

Bankalarda '**personal banker**' adında sizin derdinizi dinleyen insanlar var burada. Benim problemimi anlattığım personel banker muhtemelen bir Pakistanlı idi ve bana kartımı yanıma almadan dışarı çıkıp çıkmadığımı sordu. Hatırlamadığımı söyledim. Belkide odanızdaki çarşafları değiştirirken kartınız alınmış ve haberiniz olmadan bu işlemler yapılmış olabilir dedi. Olabilirdi. Bana 'We will credit your account 160 pounds' dedi, yani kısaca hesabıma 160 pound koyacaklardı. Daha sonra ne olacak dedim. Biz bir investigation yapacağız ve eğer şüpheniz de haklı iseniz zaten paranız hesabınızda, yok yanılmışsanız 160 poundu geri alacağız dedi. Kısaca artık bilgisayarın bir iki tuşuna dokunmakla iş müfettişlere havale edilmiş oldu. Sorun çözmek konusunda müthiş hızlılar. Memurların sadece masaları yok, yetkileri ve inisiyatif kullanma güçleri de var.

JAN & TED WEST
Bu kitabın başında adından bahsettiğim Casim adlı arkadaş tanıdığı İngiliz aile yanında bana bir oda ayarladı. Birlikte evlerine gittik. Aileyi tanıdım. Bir köpekleri iki kızları vardı. Kadının adı Jan, kocasınınki de Ted'di. Kızlardan birinin adı Anna diğeri Sarah. Anna yaklaşık 30 yaşlarındaydı ve ayrı bir dairede yaşıyordu, diğer kızları evliydi ve iki çocuğu vardı,

onu henüz görmemiştim. Jan zihinsel özürlü psikolojik sorunu olan insanların tedavi edildiği bir yerde yöneticiydi. Ted önceden ev dekorasyonu işleri ile uğraşıyormuş; fakat belinden geçirdiği ameliyat yüzünden çalışamıyordu. Ted genelde evdeydi. Evin köpeği ise Spook isminde, Bull Terrier cinsi bir canavardı.

Geçen hafta Perşembe akşamı eve taşındım, odama yerleştim. Ramazan ayı gelmişti, oruç tutuyordum. İlk günler bana bu konuda çok sorular sordular. Akşama kadar hiçbir şey yememem onlara garip geliyordu. Aslında Türkiye'ye gitmişlerdi; akıllarında yine de birçok soru vardı.

İngilizler ciddi soğuk ve garip oluyorlar bazen. Üç ay falan kaldığım bu evde bir kere evden çıkarken anahtarımı diğer pantolonumun cebinde unutmuşum. Akşama doğru eve gelip kapıyı çaldım. Ted kapıyı açtı asık bir suratla. "Anahtarın yok mu?" diye sordu somurtarak. "Unutmuşum" dediğimde iyice somurttu. Bu olayı hiç unutmadım. İngilizler'de insani özellikler ciddi eksiktir. Her şeyi mekanik olarak düşünür ve yaparlar. Bu yüzden de hayatları olağanüstü monotondur. Monotonluğu sadece içki içerek aşabiliyorlar. Onlara göre biz sürekli alkolik dolaşıyoruz bile sayılabilir! Onlar bizim normalde sahip olduğumuz duygu-durumuna gelebilmek -ve biraz olsun neşelenebilmek- için en az 3-5 bira içerler. Aslında tüm adalılarda buna benzer durumlar var sanırım. En basitinden İstanbul'da Büyük Ada'ya gidin, benzer bir durumu orada da görürsünüz. Sizi "yabancı" sayar onlar da! Adalı olmak böyle bir şey. Korkarlar ada dışından gelen her şeyden.

BUCKHURST HILL
Kaldığım yeni ev Bradwell Rd. 7, Buckhurts Hill adresindeydi ki bu semt genelde sakin ve yeşili bol bir alandı. Şehirden biraz uzaktı; ama 'tube' vardı. Evin hemen arkasında playing fields ve recreation grounds dedikleri, spor için birebir ve belki içinde 10 futbol sahası ve kriket alanı bulunan yemyeşil bir arazi vardı. 50 metre ileride de bir göl ve bir nehir vardı.

İnsanlar buralara balık tutmaya geliyordu. Yer çok güzeldi. İstanbul'da böyle bir yer bulmak imkânsızdır. Pazar günü Spook'u ben dışarı çıkardım ve bu güzel yerde dolaştık. İnsanlar köpeklerini gezdiriyor, top oynuyor ve balık tutuyordu. Ben de Spook'u gezdirdim, tasmasını çıkardım; beraber bir güzel koştuk. Spook'u gören yolunu değiştiriyordu. Tanımayan için kapkara renkli ve tehlikeli bakışları ve keskin dişleri olan bir köpekti Spook!

MEZUZAH

Mezuzah, ortodoks Yahudilerin evlerindeki kapıların pervazlarına astıkları bir tür muska olup, Yahudiler evlerine girmeden önce o evde Allah'ın var olduğunun hatırlatıcısı olarak bu muskalara dokunur ve dokundukları parmaklarını öperlermiş. Bazen banyo dışında evin tüm kapılarına bu muskalardan bir tane asılı olduğu oluyormuş. Londra'da Yahudi evi olup olmadığını anlamanın en kestirme yolu bu olsa gerek.

KOMŞULAR

Bu civarda komşuluk ilişkileri şehre göre daha iyiydi ve çok kişi birbirini tanıyordu. Bir akşam Jan beni çağırdı, birlikte karşı komşuya gittik. Onların da evinde bir köpek vardı. Evde Judie ile Paul adında bir karıkoca, Berry ve John adında iki çocukları ile birlikte oturuyorlardı. Hepsiyle tanıştım. Daha sonra Paul ile playstation'da oynamak için çatı katına çıktık ve bir iki saat kadar oynadık. Onların dışında komşularla tanışmadım. Berry arada bir geliyordu yanıma muhabbet etmek için. Mutfakta oturup konuşuyorduk. Motosikletle ilgileniyordu. Haftasonu motosiklet yarışı vardı, davet etti ama vaktim yoktu. Gününün büyük kısmı motosikletini tamir ederek yarışlara hazırlamakla geçiriyordu. Bana civardaki kadınlarda lezbiyenliğin yaygın olduğunu söylemişti. Zaten orda burda homoseksüel tiplerle ve gay barlarıyla karşılaşıyorsunuz şehirde. Bankta oturan iki kadının öpüşmesi tuhafınıza gidiyor. Kişisel yaşamlarında fazlaca **privacy** (mahremiyet) meraklısı olmalarının bir nedeni de **ketum** kalmak istemeleri olabilir. Haddizatında **ketumiyet** İngiliz yaşantısının kodlarından biri sayılabilir. Çeşitli nedenleri vardır; yabancılardan korkmaları, cinsel tercihleri ve yapı olarak soğuk olmaları da bunun nedenlerinden olabilir. **Adada olan adada kalır!**

NANNYING & AU PAIRS

Bir başka gün evde ufak bir parti vardı. Eve altı yedi misafir gelmişti. Hepsi ile tanıştım. Jan çeşit çeşit yemekler yapmıştı. Bazılarının tadına baktım; bu arada kızları Anna ve bayan arkadaşı Lisa evdeydi. Biraz muhabbet ettik, daha sonra Lisa ve diğer misafirler birer birer ayrıldılar; biz ev ahalisi başbaşa kaldık. Ben Anna ile konuşuyordum, Jan ise evi düzeltmeye uğraşıyordu. Ted'in sırtı ağrıyordu, ilacını alıp yukarıya yatmaya çıktı. Anna 'nanny'lik, yani çocuk bakıcılığı yapıyordu. Burada birçok insan bu tip işlerle uğraşıyor. Anna ailesinden ayrı tek başına yaşıyordu. Türkiye'den de buraya 'au pair'lik yani çocuk bakıcılığı yapmak ve bu arada İngilizce öğrenmek için gelen birçok insan var.

"Au pair" kelimesi birkaç değişik anlama geliyor. Günlük kullanımda 'anne yardımcısı' olarak kullanılıyor. Ancak, kelimenin Fransızca anlamlarından biri 'can yoldaşı' imiş. Bu can yoldaşlığı Ortaçağ Fransa'sında savaşlardan sonra dul kalan kadınlara ev ortamı sağlamak; bu kadınların, durumu iyi olan ailelerin yanlarına çocuk bakıcılığı ve ev işlerine yardım için yerleştirilmeleri ile ortaya çıkmış.

Kelimenin bir diğer anlamı da 'on equal terms' yani 'eşit şartlarda'. Bu ifade au pair'ın yaptığı işi ona üç öğün yemek, oda ve cep harçlığı verilmesi karşılığı yani eşit şartlarda yaptığı anlamına geliyor. Günlük hayatta ne kadar eşit olduğu tartışılabilir, özellikle bazı aileler için; ama au pairlik yapan insanın ilk başta yapması gereken aile ile bütün şartları iyice konuşması yani ' ne kadar imkân o kadar köfte' demesi.

Bu işte **'live in'** ve **'live out'** olarak iki sınıf insan var. Birinci kısım çocuklara bakıyor ve o evde yatıp kalkıyor. Bu tiplerin sorumlulukları daha fazla. Diğerlerinin vakitleri ise daha esnek yani aile evde olmadığı zamanlar çocuğa bakıyorlar; fakat o evde yaşamıyorlar. Aldıkları ücret de buna göre değişiyor. Evde yaşamayanlar, yani **'live out'** olanlar haftalık 130 ila 150 pound arası bir para alıyorlar. Bu zahmete değer mi tartışılır ama aile iyi olursa sanırım İngilizce öğrenmek için uygun bir yol bu. Unutmadan belirteyim, aklı başında, sağlıklı, lise mezunu, dul olmayan, çocukları seven, bulaşıcı bir hastalığı olmayan, yüz kızartıcı bir suçtan sabıkası olmayan ve 17-27 yaşları arasındaki her kız 'au pair' olabilir.

THEATRES

Üç aydır Londra'dayım, hâlâ yapmaya fırsat bulamadığım en önemli şey bir tiyatroya ya da bir müzikale uğramak. Burası Londra ve Avrupa'nın kültür başkenti. Şu anda bir sürü dev yapıt seyirci karşısında, bunlardan bazıları 15 yıldır gösterimde. Şu anda dikkatimi çeken ve beğenilen müzikallerden bazıları şunlar:

Beauty and The Beast
Bu müzikal Broadway'in ünlü müzikallerden biri ve şu anda Londra'ya transfer olmuş. Müzikalde güzelliğin kişinin içinde

olduğu teması vurgulanıyor ve bu, sahneye bir peri masalı şeklinde yansıtılıyor. Bilet fiyatı ise 17.50 pound.

Blood Brothers
Bu müzikalde doğduktan sonra birbirinden ayrılan ve daha sonra arkadaş olarak yolları birleşen ikiz kardeşler konu edilmiş ama oyunun sonu kanlı bitiyor. Biletler 9.50 pounddan başlıyor.

Buddy
21 yaşında üne kavuşan; ama aniden ölen Amerikalı şarkıcı Buddy Holly'nin hayatını anlatan müzikal. Girişler 4.50 pounddan başlıyor.

Bugys Malone
20'li yılların Amerika'sında geçen filmde ilginç çete savaşları konu edilmiş. Girişler 5 pounddan başlıyor.

Cats
Andrew Lloyd Weber'in uluslararası ödül kazanan bu müzikali TS Eliot'un "Old Possum's Book of Practical Cats" adlı yapıtından esinlenmiş. Biletler 10.50 pounddan başlıyor.

Chicago
Ödüllü bir Broadway oyunu. Girişler 15 pounddan başlıyor.

Jesus Christ Superstar
Adından en çok söz edilen müzikallerden biri de bu. Yine Andrew Lloyd Weber ile Tim Rice tarafından yönetilmiş. Biletler 15 pounddan başlıyor.

Les Miserables
Viktor Hugo'nun "Sefiller" adlı romanının müzikal versiyonu. 19. yüzyıl ihtilal Fransa'sında geçen bir aşk ve cesaret müzikali. Biletler 7 pounddan başlıyor.

Martin Guerre
Bu müzikalde adından sıkça söz ettiriyor. 16. yüzyıl Fransa'sında geçen müzikal, bir askerin köyüne dönüşünü anlatıyor. Biletler 16.50 pounddan başlıyor. Meşhur bir hikâye.

Miss Saigon
Sokaklarda ilanlarını sıkça göreceğiniz bir müzikal de Miss Saigon. Bir aşk hikâyesi. 1975 yılında Saigon'un ele geçirilişinde yaşanan bir aşkın hikâyesi. Girişler 8.50 pounddan başlıyor.

Oliver
3.5 milyon poundluk bir yapıt olan bu müzikal kalıcı gibi gözüküyor. Girişler 10 pounddan başlıyor.

The Phantom Of The Opera
Andrew Lloyd Weber ürünü dev bir yapıt daha. Romantik bir müzikal. Girişler 9.50 pounddan başlıyor.

Starlight Express

Cats'dan sonra en uzun süredir gösterimde olan müzikal. Tam 13 yıldır hayatta. Andrew Lloyd Weber'in trenlerin hareketlerinden esinlendiği roller-skating müzikali. Girişler 12.50 pounddan başlıyor.

Stepping Out
Güzel bir yapıt. Bir dans sınıfının başından geçenlerin komik öyküsü. Girişler 5 pounddan başlıyor.

En önemli drama yapıtlarından bazıları ise şunlar:

Amy's View
David Hare'in son oyunu bir aktris ve kızı arasında geçen olaylara dayanıyor. Oyun, 18 Nisana kadar devam ediyor. Girişler 10 pounddan başlıyor.

The Chairs
Eugene Ionescu'nun oyunu. Oyun 40 yıllık bir aradan sonra tekrar sahnede. Yaşlı bir çift, misafirleri ve arada geçen olaylar konu edilmiş.

A Delicate Balance
Edward Albee'nin Amerikan rüyası olan aile yakınlığını dalgaya aldığı ve eski dostlukların teste tabi tutulduğunda ne kadar kırılgan olduğunu kanıtlayan bir yapıt.

Electra
Sophocles'in oyunu.

An Ideal Husband
Oscar Wilde'ın büyük oyunlarından biri. Oyun gösterimde iken Wilde'ın yargılandığı ve çeşitli tartışmalar yaşandığı için oyun gösterimden kaldırılmış, tıpkı Oscar Wilde'ın 1895 yılında kaleme aldığı diğer önemli oyunu "The Importance of Being Earnest" gibi.

The Mousetrap
Agatha Christie'nin rekorlara koşan eseri.

Popcorn
Yazarı Bel Elton. Bir yönetmenin iki kişi tarafından rehin tutulması etrafında gelişen olaylar.

Scissor Happy
Seyircinin dedektifliğe soyunduğu ve bir kuaför salonunda geçen bir oyun.

The Woman in Black
Susan Hill'in hayalet hikâyesi. Modası geçmiş olmasına rağmen etkileyici ve zevkli bir oyun.

The Spanish Tragedy
Meşhur trajedi. Oğlu öldürülen bir baba, kanunlar gerekli cezayı vermekten aciz kaldığı için intikam peşine düşüyor. Yani bir çeşit kan davası.

Londra'da bu tip birçok sanat etkinliği var. Sinemalarda gösterimde olan filmleri saymama imkân yok. Bu arada belirtmekte fayda gördüğüm konulardan biri de buradaki sayısız Komedi Kulüpleri. Anlayacağınız Londra 'full up' yani tıka basa dolu.

POSTA KODLARI
Buraya gelmeden önce dikkatimi çeken bir şey vardı. Adreslerdeki posta kodları. İngiltere'deki herhangi bir adresin hemen yanı başında gördüğünüz karışık kodlar. Mesela şu anda bulunduğum büronun posta kodu **E1 6BD**. Acaba bu ne anlama geliyor dedim ve biraz araştırdım. Şöyle bir bilgi ile karşılaştım.

E: Doğu (Londra) posta bölgesi; bu tip 129 bölge var
1: Posta ilçesi; bu tip 2500 ilçe var
6: Posta sektörü; bu tip 50.000 sektör var
BD: Posta sırası. Her sırada 15 ev bulunuyor.

Posta kodları, kimsenin önemsemeyeceği bir ayrıntı gibi gözüküyor; ama burada böyle değil. Posta hizmetleri açısından düşünürseniz mektubunuz için bir emniyet sübabı vazifesi görüyor. Ama bu kodlar başka yerlerde de kullanılıyor. Mesela sokak isimlerinin yazıldığı tabelalarda da bu kodların **E1** kısmı mevcut. Bir adres ararken aradığınız yere yakın mı uzak mı olduğunuzu bunlardan anlayabiliyorsunuz.

Bunların dışında bir değişik kullanım alanı daha var posta kodlarının. Mektup teslim süresini kısaltmak için icat edilmiş olan bu kodlar aynı zamanda bu günlerde şirketlerin pazarlama kampanyalarında da kullanılmaya başlandı. Posta kodları sizin ne tip bir tüketici olduğunuzu da belli ediyor. Sınıfınızı açığa vuruyor, alışkanlıklarınızı ortaya döküyor. Hatta öyle ki evinizin değerini ev ve araba sigortanız için ödeyeceğiniz bedeli ya da kredi alıp alamayacağınızı belirleyebiliyor. Garip değil mi? Aynı tip yerlerde oturup da sırf posta kodu yüzünden farklı sigorta primi ödeyen bir sürü insan var. Sebebi ise posta kodlarının bulundukları yer ile ilgili her türlü detayı açığa vurması. Suç oranları, gelir seviyesi ya da evinizin zemini kaygan bir bölgede olup olmadığı gibi bir sürü detay... **İngilizlerin kimlik kartları yok ama her İngiliz'in bir posta kodu var.**

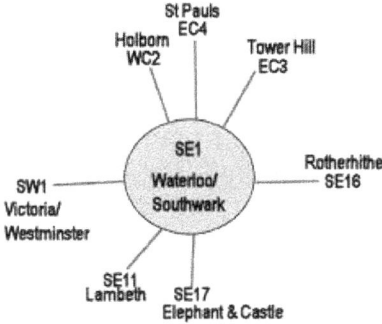

Londra içinde 8 değişik posta kodu var. E: East, W: West, N: North, S: South, SE: South East, NE: North East, EC: East Central, WC: West Central. Bu kısaltmaları duyduğunuzda hemen şehir haritasını gözünüzün önüne getiriyorsunuz ve aradığınız yerin şehrin ne tarafına düştüğünü kolaylıkla bulabiliyorsunuz. Öyle ya, herkesin Londra'daki bütün semtleri bilme imkânı olmadığına göre yönleri böyle bulmak daha kolay.

TOP 10s
Bu insanların en sevdiği TOP'ları da yazmadan edemeyeceğim.

TOP 10 TV PROGRAMI

1- Coronation Street	ITV	18.0 milyon kişi
2- Eastenders	BBC1	15.9 milyon kişi
3- Heartbeat	ITV	15.3 milyon kişi
4- Casualty	BBC1	14.2 milyon kişi
5- National Lottery Live	BBC1	13.0 milyon kişi
6- The Curise	BBC1	12.8 milyon kişi
7- London's Burning	ITV	12.6 milyon kişi
8- Emmerdale	ITV	12.5 milyon kişi
9- Police, Camera, Action	ITV	12.0 milyon kişi
10- Birds of a Feather	BBC1	11.6 milyon kişi

TOP 10 ALBÜM

1- Urban Hymns	The Verve
2- All Saints	All Saints
3- Life Thru A Lens	Robbie Williams
4- Decksdrunsandrock & Roll	Propellerheads
5- Titanic/Original Soundtrack	James Horner
6- Postcards from Heaven	Lighthouse Family
7- White on Blonde	Texas
8- Truly- The Love Songs	Lionel Ritchie
9- Spiceworld	Spicegirls
10- OK Computer	Radiohead

TOP 10 ŞARKI

1- You Make Me Wanna	Usher
2- Dr Jones	Aqua
3- Never Ever	All Saints
4- Getting' Jiggy with It	Will Simth
5- High	Lighthouse Family
6-Mulder and Scully	Catalonia
7- Angels	Robie Williams
8- Together again	Janet Jackson
9- Crazy Little Party Girl	Aron Carter
10- Bamboogie	Bamboo

TOP 10 FİLM

1- Titanic	Kate Winslet
2- Devil's Advocate	Keanu Reeves

3- Up'n Under	Samantha Janus
4- Boogie Nights	Mark Wahlberg
5- Spiceworld- The Movie	Spice Girls
6- The Jackal	Bruce Willis
7- Tomorrow Never Dies	Pierce Brosnan
8- The Full Monty	Robert Carlyle
9- George of The Jungle	Brendan Fraser
10- Starship Troopers	Casper Van Dien

TV

İngilizler müziği gerçekten dinliyor; ama bizim gibi çarşıda, pazarda, dolmuşta değil. Evlerinde, arabalarında ya da gece kulübü ve pub türü yerlerde. Televizyon seyrediyorlar. Hem öylesine seyrediyorlar ki Coronation Street ve Eastenders onyıllardır liste başı ve hâlâ ilgiyle takip ediliyor.

REDBOND LODGE - HUZUREVİ

Geçen hafta Jan ile Londra dışına çıktık. Arabası ile Dunmow adında ufak bir yere gittik. Annesi orada yaşlıların kaldığı bir huzurevinde kalıyordu. Redbond Lodge adındaki bu huzurevinde bakıma muhtaç birçok yaşlı barınıyor; her yer oldukça temiz ve bizim dört yıldızlı otellerimizi aratmayacak kalitede. Hayatımda ilk defa yaşlılara bakılan bir huzurevine geliyordum. Ufak bir yerdi; ama güzeldi. Yaşlılar için her şey düşünülmüştü. Bir kere daha İngiltere'nin yaşlandığını gördüm. Sokaklardaki sayısız yaşlı insanın yanında bir de bakımevlerinde kalan birçok yaşlı insan var burada. Nüfus yaşlanıyor. İnsan o kadar yaşlının arasında bazen kendini yalnız hissediyor.

WALTHAM ABBEY - TEA ROOM & APPLE PIE

Dönüş yolunda Waltham Abbey denilen bir yere uğradık. Jan burada, bir psikiyatrik tedavi merkezinde yöneticilik yapıyor. Bana binayı gezdirdi. Odasını gösterdi. Daha sonra Waltham Abbey adlı kasabaya adını veren manastırı gezdik. Çok eski bir yapıydı, nitekim İngiltere'nin en eski manastırlarından biri olduğunu Jan'dan öğrendim. Burayı gezdikten sonra manastıra yakın bir yerdeki Tea Room adında küçük bir yerde çay ve sıcak çikolata içtik. Apple Pie yedik, İngilizlerin o meşhur Apple Pie'larından... Basit bir tatlı. Biraz ilkel. Ama geleneksel. Bu tatlının tarifini daha sonra yapmaya çalışacağım.

FITZ

Geçen gün televizyonda "Fitz" adında bir film seyrettim. Hoşuma gitti. Brad Pitt'in "Seven" adlı filmine çok benziyordu. Film içinde yer alan,

'Life is action and passion'

ifadesi ilgimi çekti. Gerçekten öyleydi ve biz yaşamaktan ne kadar uzaktık... Filmde öğretim görevlisi bir psikiyatristin öğrencilerinden biri adama öylesine tutkulu âşık oluyor ki bu aşk uğruna üç insanı öldürüyor. Oysa adamın karısı ile monoton bir yaşantısı var. Kızın bu tutkulu aşkı öğretim görevlisinin hoşuna gidiyor. Kız en sonunda yakalanıyor, tabi ki öğretim görevlisinin kız ile konuşması ve ipuçları elde etmesi sayesinde. Evet, hayat aksiyon ve tutkudur. Ne olursa olsun bir şeyi tutku ile seven ve uğruna bir ömür tüketen insan bence var olmanın ötesine geçmiş, hayatı yaşamıştır. İngiltere'deki yaşlıları konuşurken Jan bana, *'They don't live, they just exist.'* yani *'Yaşamıyorlar sadece varlar.'* demişti. Doğru, yüzbinlerce yaşlı yaşamıyordu; ama ya biz? Acaba yaşıyor muyduk?

TOPRAK, AĞAÇ, DEMİR VE TAŞ

Bu insanlar toprağı, ağacı, demiri ve taşı harikulade bir şekilde işlemişler. Özellikle demir her yerde dikkatinizi çeker. Sanayileşme bu ülkede başladı; demir de sanayinin belkemiğiydi. Bu yüzden İngilizler demiri hiç unutmadılar ve bolca kullanmaktan da çekinmediler. Yaptıkları, ürettikleri ne olursa olsun en iyisini, en uzun ömürlüsünü yaptılar. Asırlarca yaşayacak ve zamana direnecek, böylece de israfı önleyecek biçimde çalıştılar. Evlerinin iskeletini demirden yapıyorlar; duvarlarını da **'brick'** dedikleri briketten. Biz beton kullanıyoruz; ama beton zamana karşı daha dayanıksız. Evleri asırlık, mobilyaları 'grandmother'larından kalma, caddeleri belki elli-yüz yıldır 'major change' (büyük değişiklik) geçirmemiş ve sistem sağlam ve istikrarlı. İşte bütün bunlar buradaki insanlara güven veriyor. Hayatları sigortalı, arabaları sigortalı, iş güvenceleri var, devlet sosyal bir devlet... Bunlar dertleri azaltıyor. Bunlar kendiliğinden olmuyor tabii. Köleler gibi 40-45 yıl çalışıyorlar bu insanlar; ama nimetlerinden de faydalanıyorlar.

CROOKS & ORDINARY PEOPLE

Ted televizyonda sevmediği birini ya da milleti dolandırarak zengin olan birini gördüğü an 'He is a crook.' diyor. Beğenmediği şeyler içinde 'rubbish' anlamına gelen 'crap' kelimesini tercih ediyor. Yazacağın kitapta, "Bizden nasıl bir aile olarak söz edeceksin?" diye sordu bana. Ağzımdan 'common' (bayağı) kelimesi çıktı fakat Jan ve Ted aynı anda **'common'** değil **'ordinary'** (sıradan) aile ya da insanlar olduklarını; 'common' insanların **Hackney** gibi semtlerde yaşadıklarını söyledi. Katı bir sınıf anlayışı! İngilizlerin meşhur toplumsal kodları ve yerleşik kalıpları.

FOREIGNERS
Well, well, well
All the foreigners smell

Otobüste giderken iki kız, kafiye tutturarak bunu söylüyorlardı. Garip, bu bir İngiliz kodu ya da yabancılara karşı alınmış bir tavır. Genelde sanırım Pakilerden bahsediyorlar çünkü bu adamlar gerçekten garip kokuyorlar belki de yaptıkları, yedikleri; kokulu, baharatlı yemekler yüzünden. İngilizler konuşurken bu ülkede yaşayan fakat İngiliz, İskoç, Galli ya da İrlandalı olmayanlardan 'foreigner' yani 'yabancı' diye bahsediyorlar. 'Bloody foreigners' yani 'kahrolası yabancılar' ifadesi pek meşhurdur. Ancak, İngilizler hiçbir zaman başka bir ülkeye gittiklerinde kendilerinin orada yabancı olduklarını düşünmezler. Onlara göre dünyada bir İngilizler bir de yabancılar vardır. Yani İngilizler dışındaki herkes yabancıdır onlar için. Bu yabancılık hissi bu adaya dışarıdan gelen herkesi içeriyor. Her şeye rağmen İngilizler - atalarından kalma bir alışkanlık herhalde- bloody foreigner'ların ülkelerine gitmeyi pek severler. Haklılar mı haksızlar mı başka bir tartışma konusu ama ırkçılık dizboyu burada.

BRENT CROSS
Yolda giderken bir Türk Hamamı ilanı ile karşılaştım. Yine bir başka gün Edgware'den otobüse binmiştim ve otobüs bizi Brent Cross'a getirdi. Daha önce hiç gelmemiştim buraya. Burası alışveriş merkezleri ile ünlü. Alışveriş için uğranacak en ideal mekânlardan biri burası bence; çünkü birçok 'department store' var burada. Büyük ve güzel mağazalar: Brent Cross Shopping Centre gibi.

ALEXANDRA PALACE
Otobüs ile Londra'yı dolaştığım bir başka gün Finsbury Park-Wood Green otobüslerine bindim. Güzergâh üzerinde Alexandra Palace denen bir yer vardı ve burası Londra'yı kuşbakışı görüyordu.

EŞKIYA & ORIENT EXPRESS
7 Şubat günü Jan ile akşam 18.20 matinesine sinemaya gittik. Jan bir Türk filmi hakkında bir yazı okumuş gazetede ve merak etmiş. Çünkü bu film dev Amerikan filmlerinin arasında gazetede yer almış. Şener Şen'in oynadığı Eşkiya adlı filmden bahsettiğini, bu film ile ilgili pozitif bir eleştiri yazısını gazetede okuyunca anladım. Evet, Eşkiya artık

şehirde idi. Eşkiya burada, Londra'daydı. Bir Türk filmini bir İngiliz ile izlemek garip ama kıvanç duydum. Eşkiya gerçekten zengin bir filmdi ve de 'kuvvetli hikâyesi' ile dev Amerikan filmleri ile pekâlâ yarışabiliyordu. Onur duydum. Şener Şen'e tebrikler. Bizim bunun gibi dev yapıtlara daha fazla ihtiyacımız var. Özellikle de Türkiye'yi ve Türkleri bütün dünyaya anlatabilecek, zenginliklerimizi sunabilecek kaliteli filmlere...

Burada Türklerin olumsuz bir imaja sahip olmalarının sebebi bir film. Evet bir filmin zihinlere neler sokabileceğinin en büyük örneği 'Orient Exspress'. Bu film ara sıra televizyonda gösteriliyor burada. Ben de filmi ilk defa burada izledim. Tamamını izleyemedim; çünkü iğrendim. Filmde Türkçe konuşan kişiler Yunanlı ağzı ile Türkçe konuşuyordu ki bu filmin Yunan istihbaratı ve politikacıları tarafından hazırlatıldığını anlamama yetti. Alternatif ve bizi düzgün anlatan filmler devreye sokulmalı, zira film iftiradan başka bir amaç taşımıyor. Burada Türküm dediğinizde karşınızdaki önce o filmi hatırlıyor. Merak ediyorum acaba Türkiye Cumhuriyeti'nin yetkili makamları bu filmin yayınlanmasını engellemek için hangi yollara başvurdu şimdiye kadar. Ne tür yaptırımlar uyguladılar ilgili taraflara?

Türkiye Cumhuriyeti Devleti bir an önce Türk Kültürü ve yaşantısını bütün dünyaya anlatmak için dev bir yapıt hazırlamalı bence. Bu yolla Türkiye turizmdeki payını da büyütebilir. Avrupa insanına artık gerçekleri anlatmanın zamanı gelmiştir. Eğer bu yıllarda Türk film endüstrisi gelişecekse -ki bundan adım gibi eminim- bu gelişme devletin desteği ile olacaktır. Üstelik bu destek de öncelikle bizi anlatan filmlere verilmelidir. Ayrıca filmler uluslararası ödüller aldığında ve yurt dışında yayınlandığında kesinlikle maddi teşvikler verilmelidir. Kanaatimce kaliteli bir sinema yönetmeni, yeri geldiğinde bir doktor gibidir, nasıl bir doktor bir kişiye hayat verebilirse bir film de ülkenin uluslararası arenada galiplerin safında yer almasını sağlayabilir. Bir ülkenin geleceğine hayat verebilir. Sanatın her alanı ülkenin güzelleşmesine katkı sağlayabilir. Devleti kuranlar askerler, idare edenler politikacılar olabilir ama güzelleştirenler kesinlikle sanatçılardır. Sanatın önemini iyi anlamış politikacılara ihtiyacımız var. Bazen Türkiye'de sanat adına yapılan şeylere gülüyorum artık buradakileri gördükten sonra. Bizde sanat ve edebiyat tamamen siyasi amaçlara hizmet ediyor.

ILFORD KEBAB & ATLAS RADIO CARS

Cuma günü Ilford Kebab'da güzel bir muhabbet yaşandı. Değişik insanlarla oturduk tartıştık. Türkiye'den İngiltere'den bahsettik. Atlas Radio Cars'dan Sinoplu Celal abi ile tanıştım. Kendisi burada hem mini cub driver yani taksi şoförü hem karate hocası. Uzakdoğu sporlarının felsefelerine ilgim olduğu için çabuk kaynaştık. Taksicilik anılarını anlattı. Canning Town'ın Londra'nın Kasımpaşa'sı olduğunu söyledi. Buranın külhanbeyleri orada yaşarlarmış. Hep ilgimi çeken bu tür yerlerin çok renkliliği üzerine saatlerce konuştuk. Bu arada, **radio** kelimesinin anlamının aslında radyo değil de **telsiz** olduğu o tarihten beri aklımdadır.

BINGO

B	I	N	G	O
7	25	44	57	62
15	22	40	50	70
11	30	FREE SPACE	46	74
2	28	37	55	68
10	27	39	59	75

Burada tombala salonları ile karşılaşıyorum. Salonların girişinde Bingo Mecca yazıyor. Aslında Bingo oyununu televizyonda birkaç kere görmüştüm; ancak yine de bu kumarhaneleri merak ediyordum. Çünkü seyrettiğim programda bu yerlere genelde yaşlı bay ve bayanlar rağbet ediyordu. Gidip görmek istedim. Casim bir gün gideriz görürsün dedi. Casim atlara meraklıydı. Ben eşek diyorum atlara. Eşeklere çok para yatırmış bizimki.

BETTING OFFICES – LADBROKES & WILLIAM HILL

Burada ara sıra 'Betting Office' adı altında işletilen küçük kumarhanelere rastlıyorum. En çok gördüklerim Ladbrokes ve William Hill. Burada 'küçük' insanlar, yani zengin olmayan insanlar, daha da fakirleşmek için oyun oynuyorlar. At, futbol ve 49'lu denen birtakım bahis ve kumar çeşitleri var. Aslında aklı olanın uğramayacağı tipte yerler buralar. Bir gün Ted bana buralara en çok Çinlilerin ve Türklerin rağbet ettiğini söyledi. İnanmak çok güç; ama doğru sanırım. Casim'in günü dükkânın karşısındaki Ladbrokes'da geçiyor, parasının tamamını atlara ve tazılara yatırıyordu. İşten 5 dakika boşluk bulduğunda hemen kupon doldurmaya koşuşturuyordu!

ÖZÜRLÜLER

Sokaklarda bazı yerlerde doktorlar ve özürlü insanlar için park yeri ayrılır. Kimse park yeri bulamazken bu ayrıcalıklı insanlar yani doktorlar hemen kendileri için ayrılmış yere park edebilirler. Doktorlara verilen bu önem örnek alınmalı. Tabi özürlü insanlara verilen değeri de görmezden gelmek imkânsız. Yollar özürlülere göre de tasarlanmış. Onlar için özel tuvaletler yapılmış. Her yerde özürlü insana karşı müthiş bir destek var. Çünkü onlar da bu ülkenin evlatları. Onların da ihtiyaçları görmezden gelinemez.

HOMELESS

Büyük mağazalar kapandıktan biraz sonra, bu mağazaların 'doorway'lerine yani kapı önlerine kapağı atan 'homeless' (evsiz) insanlar buranın her gün büyüyen bir problemi. 60'lı ve 70'li yıllarda bu ülkede fazla refah yüzünden bir çeşit Generation X yetişmiş. Kayıp kuşak. Amaçsız hedefsiz. Bazen de bir şeyleri sorgulayan; ama yanıt bulamayınca elinden tutan olmayınca boğulan insanlar olmuş. Bunların birçoğu bugün evsiz ve sahipsiz.

TURKS ON ENGLISH

İki yıl önce geldiğimde Kadir bir tanıdığa telefon etmiş ve " Hello yenge! May I speak to Muammer abi please?" demişti. Hâlâ aklımda. Buradaki bu konuşmalar çok kültürlülüğün bir parçası. Özellikle Türklerle konuşurken bu duruma sık başvurulur. Burada doğma Türkler İngilizce konuşmayı tercih ediyor. Belki de İngilizlerin dillerini nüansları ile bildikleri için. Radyo dinlersiniz, Türk radyolarını. İnsanlar yarı Türkçe yarı İngilizce konuşur. İngilizce'yi bilmem ama özellikle Kıbrıslı Türkler Türkçe'yi bir hoş konuşuyorlar. Bir kültür karmaşası var burada. Belki de kültür şoku demek lazım. İki dili bir arada konuşmak bazen insanın hoşuna gidiyor; ama bu karmaşa pek de hoş değil. Ben de bu kitabı buradaki insanların konuşmaları gibi iki-dilli yazıyorum. Bazen İngilizce bazen de Türkçe. Hoşuma gitmiyor; ama bazen orijinal ifadeleri kullanmak hem daha güzel hem daha yararlı oluyor. Bizim Hacettepe İngiliz Dili'nde de öğrenciler bir dersi tartışırken bu şekilde konuşurdu. Ama çok sevimsiz duruyor. (Bu kitapta da arada bir kullanmak durumunda kalsam bile). Belki de kifayetsizliğimizden. Bilemiyorum...

COVENT GARDEN
Dün Covent Garden'a gittim. Burası Londra'nın en canlı yerlerinden biri. Mükemmel bir yer. Pazar günleri buraya gelen insan çok fazla zevk alabilir. Birçok 'street performer' var burada. Her biri bir köşede insanlara marifetlerini sergiliyorlar. İşi biraz da gırgıra vurarak etraftakilerin ilgisini çekiyorlar. Daha sonra da pamuk eller cebe diyorlar. Tiyatroya gitmeden tiyatrocu, sirke gitmeden bir sürü cambaz, konsere gitmeden birçok gerçek sanatçı görmek istiyorsanız buraya gidin. El yapımı birçok sanat eserini, oyuncağı, hediyelik eşyaları ve daha birçok otantik eseri burada bulabilirsiniz. Burası siyasetin girmediği; insanı ve insan emeğini, çabasını görebileceğiniz bir yer. Politik bir propagandaya maruz kalmadan rahat rahat dolaşabilirsiniz. Üstelik burada gençlerin çoğunluğu Ankara Yüksel caddesinde olduğu gibi akşama kadar kahvelerde kâğıt oynayıp, sokağa çıkınca da 'entel' takılmıyorlar. Aslına bakarsanız ben o tip kahvehaneleri sadece Türk mahallelerinde gördüm. Türk mahallelerinde gençlerin en çok kahvehanelere gittiğini gördüğümde kahroldum. Bu kahvehanelerin yerini Covent Garden'daki gibi yerler almalı.

Türk mahalleleri Covent Garden'a benzemeli dedim içimden. Rengârenk olmalı. Oysa oralar griydi. Sigara dumanı. En sevmediğim renk. Oradaki Türk mahallelerini buradaki Türk hükümetleri düzeltmeli. O mahallelerle biz ilgilenelim. Güvenliğinden temizliğine. Oradaki imajımız o mahalleler. 10-Birkaç mahalleyi adam ederek müthiş bir imaj değişikliği yaparatabiliriz Londra'da. Bu da bir teklif.

Covent Garden'da 'Neal Street East' adında doğu ve uzak doğu ülkelerine ait otantik ürünleri satan bir yere rastladım. Çok güzel bir yerdi. O kadar güzel hediyelik eşyalar vardı ki şaşardınız. Bu tip bir yere Edgware'den Brent Cross'a gelirken rastlamıştım. 'Oriental City' adındaki bu dev yeri gezme fırsatı buldum.

Bunlara benzer bir başka yeri de Avustralyalılar açmış. Tamamen Avustralya'dan gelen malzeme ile dolu idi bu mağaza. Keşke dedim bizim de böyle bir Türkiye Pazarımız olsa ve burası modern ve temiz bir çevrede olsa. İçinde Türkiye'den gelen binbir türlü eşya bulunsa. Böylece onlarla yarışsak. Kültür yarışı. Mısır çarşısı benzeri bir yer burada olsa emin olun kıskanırlar. Mısır çarşısının kokusunu buradan duyar gibiyim. Ama burada yok, burada Türkler kahvede ya da buradaki adı ile lokallerde oturmayı tercih ediyorlar. Çok defa içimden geçmiştir. Bir kişi çıksa da şu kahvehaneleri kapatsa ya da buraları sigara dumanından kurtarıp zengin olanakları olan kültür merkezleri yapsa. İngilizlerin Pubları örnek alınabilir bu anlamda. Bizde sosyal ortamlar hep eksik kalmıştır nedense. Burada doğru dürüst bir Türk marketine bile rastlayamadım. Hani şöyle adından bütün Londra'da söz ettiren ve Londra rehberlerinde övgü ile bahsedilen bir yer. Yok. Bunlar, kimileri için önemli gözükmeyebilir; ama yüz binlerce Türk insanın yaşadığı bir yerde adamakıllı birkaç yerimiz olmayınca insan kahroluyor.

'Sofra'yı da duymuyorum desem yalan olur. Londra'da Sofra restoranları adını duyurmuş ve Türkiye'yi güzel temsil ediyor. Böyle 10 tane adı duyulmuş, güvenilen, temiz işletmemiz olsa burada Türk elçiliğinin görevi tamamlanmıştır derdim. Yapacak daha çok işleri var. İnsanların ellerinden tutmaları gerekiyor. Yol göstermeleri gerekiyor. İnsanlarımızı kaynaştırmaları gerekiyor. Elçiliğe çok iş düşüyor bununla birlikte eminim ki onlar başlar ve başlatırlarsa bir iki sene sonra arkalarından yürüyecek çok insan bulacaklar.

Siren sesleri her geçen gün artıyor. Polis, ambulans, itfaiye arabası. Siren uğursuzluk ve kara haber sesidir. Biri mutlaka geçiyor acı sireni çalarak. Siren şimdi kimler için çalıyor onu bilemem; ama burada Türk toplumunu bilinçlendirmek için, Türk gençlerini eğitmek için birileri çıkmazsa bu siren bir gün bizim için de çalabilir.

ENOCH POWELL
9 Şubat tarihli 'The Daily Telegraph' gazetesinde büyük bir İngiliz politikacı, asker ve akademisyen olan Enoch Powell'ın ölüm haberini okudum. Bazı insanların çok sevdiği, bazılarının ise ilticacı ve göçmenler hakkındaki sert görüşleri yüzünden 'biraz ırkçı' buldukları bir isim...

Bağımsızlığını kazandıktan sonra Churchill'e Hindistan'a asker gönderip tekrar ele geçirme fikrini anlatan Enoch Powell bu yüzden en renkli kişiliklerden biri...

"There was this deep, this providential difference between our empire and those others, that the nationhood of the motter country remained through it all, almost unconscious of the strange fantastic structure built around her –in modern parlance- 'uninvolved'. So the continuity of her existence was unbroken when the looser connections which had linked her with distant continents and strange races fell away."

"What do they know of England who only England know?"

"Institutions which elsewhere are recent and artificial creations appear in England almost as Works of nature, spontaneous and unquestioned. The deepest instinct of the Englishman –how the world 'instinct' keeps forcing itself again!- is for continuity."

Britanya İmparatorluğu'nun diğerlerinden farklı olmasının yegâne unsurunu sömürge yaptığı ülkelerin insanlarını İngiltere'ye sokmamak olarak görüyor. Ve bu ülkedeki kurumların sağlamlığından ve doğallığından bahsediyor. Gerçekten de bu ülkedeki hiçbir kurum sırıtmıyor. Çünkü her kurum yapması gerekeni yapıyor. Kimse üzerine vazife olmayan işlere karışmıyor. Aslında çok doğru teşhisler.

Bu şahıs İngilizlerin eskiden biraz ırkçı bulup şimdi hakkını verdikleri bir isim. Belki de artık iltica/immigration meselesinin zorlaştırılması bu gibi insanların artık daha fazla dinlenmesinden kaynaklanıyor.

HOME RECYCLING SCHEME

Her İngiliz'in evine günde birkaç gazete, birkaç dergi ve birçok mektup giriyor ama evde bir gün sonra hiçbirini görmüyorsunuz. Çünkü bunlar okunduktan sonra Epping Forest District Council'ın Home Recycling Scheme çerçevesinde dağıttığı sepetlere konarak kapı önüne bırakılıyor. Council bunları hergün toplatıyor. Hem kâğıt israfı önleniyor hem Council para kazanıyor.

İlk geldiğimde bana en garip gelen üç şeyden birisi sıcak ve soğuk musluğun ayrı ayrı musluklar olmasıydı. Bu yüzden de ya sıcak suda yanmak ya da soğuk suda donmak dışında bir alternatif kalmıyor. Neyse ki sadece lavabolar böyle. Duşlar da böyle olsa ne yapardık. İkincisi de tuvaletlerde su kullanılmamasıydı. Tuvaletlerde su bulunmaması insanın canını sıkıyor başta. Bazen küçük bir pet şişe suyu alıp giriyorum tuvalete. Üçüncü olay da banyoların halıyla döşenmesi. Güzel gibi gözükebilir; ama pek hijyenik olduğu söylenemez.

Bu sabah evde televizyonu açtığımda bir kanalda 'alkollü araç kullanma' (drink driving) konusu tartışılıyordu. Burada alkollü araba kullanmanın cezası Türkiye'ye göre yüksek; ama yine de birçok insana göre cezalar caydırıcı ve yüksek değil. Bu yüzden şu ana kadar sadece hatalı araç kullanan ve kaza yapan arabalara müdahale etme yetkileri bulunan polislerin, bundan sonra rastgele 'nokta' kontrolü yapmalarının önü açılıyor. Sanırım birkaç yıl içinde Türkiye'de gerçekten de rastgele yapılan bu uygulamaya burada da geçilecek. Alkollü araç kullananlar için 'sıfır tolerans' isteniyor.

İngiltere'de 30 yaşın üzerinde olup da bekâr kalan ya da boşanan kadınların sayısı gitgide artıyormuş. Bazı kadınlar **'iş işten geçmeden'** çocuk sahibi olabilmek ve annelik duygusunu yaşamak için rastgele bir insanla evlenmeye bile razıymışlar.

RICHARD BRANSON

Virgin şirketinin sahibi Richard Branson burada en çok konuşulan kişilerden biri. Şirketlerinin sayısı bir anda artan bu insan ya seviliyor ya nefret ediliyor. Akıllı bir adama benziyor; ama güven vermeyen bir tipi var. Ya çok sert eleştiriliyor ya da 'vatansever' deniyor ve övgüyle bahsediliyor.

DEATH PENALTY – TEXAS & TAXES

Özellikle tecavüz haberlerine hemen her gün rastlanıyor burada. Ted, suçlunun birkaç yıl yatıp çıktığını söyledi. Bazı insanlar ölüm cezasının geri gelmesini bile istiyor bu yüzden. Ömür boyu hapis yiyen bir insanı vergileri ile beslemek istemiyorlar. Öyle ya bir insana tecavüz ediliyor, daha sonra o insanın ailesinden vergi alınarak hapishanedeki tecavüzcü besleniyor ve gürbüzleşince salıveriliyor. Böyle saçma sapan sistem olmaz. Besle kargayı oysun gözünü, gözünü oydurduktan sonra da beslemeye devam. En hassas konu vergilerin nereye gittiği!

I WOZ 'ERE & GRAFFITI

Buranın "tosun"ları duvarlara 'I Woz 'Ere' yani 'Buradaydım' yazıyorlar. Bu grafitti artistleri bazen spray boyalarla o kadar ustaca yazılar yazıyorlar ki şaşarsınız. Cetvelle yazılmış ya da bir sanatçının elinden çıkmış gibi. Keşke bunlardan birini görsem de Türkiye'ye bizim duvarları boyatmak için çağırsam.

EVIAN

Fransızların Evian adlı pet şişe suyunu içtim. Kuyu suyu gibi bir şey. Bizim yerli kaynak sularımız neden buralarda yok sanki? İnsanlar su görmüş olurdu.

ENGLAND THROUGH OTHERS' EYES

Bazen, "Acaba ben İngiltere hakkında yanlış kanaatlere mi varıyorum?" diye soruyorum kendi kendime. Bu yüzden başkalarının bu ülke hakkında söylediklerini de yazmak istiyorum.

Bir Fransız kız şöyle diyor gazetede:
Socialising after work is a very British thing. At least once or twice a week people from offices all over the City of London, go out for a drink together... People here dress very formally for work and wear dull colours and conservative ties... I can't get used to pubs closing at 11 pm... Rent is hugely expensive... The British obsession with carpets is horrible...

25 yaşındaki bir Alman kız da yakın şeyler söylüyor ve ekliyor:
British homes are overdecorated, with plush carpets, flowery curtains and patterned walls. They all look like miniature versions of the local pub.

31 yaşındaki İtalyan bayan da şunları söylüyor:
British dress sense varies from all right to shabby. Italians always try to look elegant... In Britain people drink to be drunk. At home people drink for pleasure... I

hate the way that the hot and cold water taps in most homes are seperate. It means washing your hands ypu either freze or are scalded...

Pek de farklı şeyler söylemiyorlar görüldüğü gibi.

GİYSİ

Bu sabah gazetede okudum. Hollandalı Ruud Gullit'i fazla para istediği için Chelsea takımından kovmuşlar. Kulübün başkanı 'The King is Dead Long Live The King' diyor. Yani 'Kral öldü yaşasın kral'. Evet, burada krallar ölür yerlerine başkaları gelir ve herkes kendi yerinin başkaları tarafından doldurulabilir olduğunu bilir. Bir kral ölürse diğeri gelir. Öyle ya kulüp kraldan önemlidir.

Gullit İngiltere'nin en iyi giyineni seçilmiş. Hiç garip gelmedi bana duyduğumda; çünkü İngilizler de gerçekten giyinme zevki yok. Gidin şehre etrafınızda birbirinin kopyası bir sürü yönetici görürsünüz. Dünyanın en büyük işletmelerinde çalışır bu insanlar; ama giydikleri takım elbise herkes tarafından giyilir. Şehirde giyim zevki açısından monoton bir hava var. Renksiz, desensiz bir takım elbise ve aynı şekilde anlamsız ve somurtuk bir kravat. İtalyan kesim elbiseleri öneriyorum İngilizlere.. ve tabi Türklere!

BAZI İFADELER

Evde Ted'le konuşuyorum. Her insanın çok kullandığı bazı kalıplar vardır. Onun da '**Fore warned, fore armed.**', '**Cheep beer, good company.**', '**Sleep tight.**' gibi fazlaca kullanmayı tercih ettiği kalıplar var. Burada insanın ne kadar fazla İngiliz ile tanışır ve muhabbeti ilerletirse o kadar fazla kalıp ve değişik ifade şekilleri öğrenme şansı var. Bu işin bir yolu da kitap okumak; ama bittabi bu dili her yönü ile öğrenmek isteyenler için anadili İngilizce olanlar ile daha çok oturup kalkmak en güçlü ilaç. Her insan ayrı bir cevher. Mesela Ted doğu Londralı yani İngilizce'yi biraz değişik ve anlaşılmaz konuşan insanlardan. Ondan farklı terimler öğreniyorum. Essexli olan Jan'dan ise daha farklıca şeyler öğreniyorum.

Çünkü daha net İngilizce konuşuyor. Ted çoğunlukla 'you' ile birlikte 'is' yardımcı fiilini kullanıyor ya da 'you was' diyor. Spook'a hitap ederken **'You old lazy sod, isn't you?'** diyor. "Neden 'aren't you' kullanmıyorsun?" diyorum, dudak büküyor. Kuralları fazla sevmiyor herhalde. Jan ise yatmadan önce her gece 'Good night, sleep tight.' demeyi ihmal etmiyor. Ted ile akşamları oturup bol bol tartışıyoruz. Onun hayatta rahat yaşamaktan, rahatsız edilmeden yaşamaktan başka bir isteği yok. Fazla para kazanıp başını ağrıtmak istemiyor. Kuzey Kıbrıs'ı da tatil için bu yüzden istiyor. Sakin ve şirin bir yer olduğu için; ama bence 'Life is action and passion.'

BİR CASUSLUK OLAYI

Özellikle Birinci Dünya Savaşı ve Kurtuluş Savaşı yılları arasında ülkemizdeki casusların sayısını kimse bilmiyordu. Gerçi bugün de bu casusların sayısı bilinmiyor ama bilinen bir şey var o da casusluğun her devrinde İngilizlerin çok rahat at oynattıkları. İngiliz İstahbarat Servisi 20. yüzyılın başında, Britanya'nın dalgalara hükmettiği yıllarda, bu dalgalardan fazlasıyla etkilendi herhalde.

Bu örgüt savaşın yönünü aleyhimize çevirmek, halkı huzursuzluğa sevketmek ve bunun gibi birçok kirli emel uğrunda bu ülkede birçok gizli ve açık oyunlar oynamıştır.

Bu oyunlardan biri de Hindistanlı Sagir'i İstihbarat Servisi adına kullanarak Mustafa Kemal'i öldürmeye çalışmasıdır. Oyun ustaca planlanmıştır. Sagir, Türkiye'ye savaş sırasında maddi yardım yapmak isteyen Hint Müslümanların kılığına (kimliğine) büründürülür ve değişik yollarla 1921 yılında İstanbul'a yollanır. Tabi Hint Müslümanlarını temsilen geldiği zannedilerek ilgiyle karşılanır. Daha sonra Ankara'ya gider ve orada el üstünde tutulur. Sagir üst düzey insanlarla yakınlaşmaya ve onların sempatisini toplamaya çalışır. Fakat asıl hedefi Mustafa Kemal'dir. Kendisini o hedefe doğru götüren değişik insanlarla tanışır ve kendisini takdim eder. Mustafa Kemal de onu Meclis Genel Kurulu'na davet eder.

Ancak Sagir'ın yazdığı bazı mektuplar bizimkilerin dikkatini çeker. Zira Sagir koca bir sayfa kâğıda 2-3 satır yazı yazmaktadır. Bizimkiler şüphelenir ve durum incelenir. Sagir'in gizli mürekkep kullandığı ve görünmeyen yazı yazarak İngilizlere Mustafa Kemal hakkında bilgi sızdırdığını anlarlar.

Sonunda Sagir yakalanır ve meşhur İstiklal Mahkemelerine gönderilir. Orada hedefinin Mustafa Kemal'i öldürmek olduğu anlaşılır. Mahkemede öldürme gibi işleri kendisinin yapmadığını ve bu gibi işler için şoförler, hizmetçiler gibi insanları kullandığını belirtir.

Sagir Mahkemede şunları da söyler: "Ben, fakir bir ailenin çocuğu iken okuttular, en büyük tahsilimi sayelerinde yaptım. Gezmediğim dolaşmadığım yer kalmadı. Dünyayı gördüm, anladım, medeni bir insan oldum. Bu insanlıklarına karşı benim de elbette bir hizmetim olacaktı. Bu hizmet benim için elbette bir borçtu. İşte ben onu yapıyorum."

Kandırılmış ve beyni yıkanmış Sagir'in belli ki gözleri de boyanmıştı. Kullanıldığının farkına hâlâ daha yeterince varamamıştı. Lakin Ankara Çarşısı'ndaki İngiliz Siciminden yapılma darağacında, İstiklal Mahkemesindeki yargılanmasının nihayetinde her casus gibi asıldığında belki de bütün hayatı gözünün önünden geçmiş ve İngilizlerin oyununa geldiğini anlamıştır.

LAWRENCE - GERTRUDE BELL - ARNOLD TOYNBEE

Bu ülkede İngiltere'den gelen Mustafa Sagir'den çok daha profesyonel pek çok casus bulundu. En ünlüleri kuşkusuz Casus Lawrence idi. İngilizler 'Lawrence of Arabia' dediği Thomas Edward Lawrence da birçok casus gibi Oxford mezunu. Onun gönderiliş sebebi de Arapları Osmanlı'ya karşı kışkırtmak, Türkleri yok etmek ve Kürdistan devletini kurmaktı. Fakat o bunlardan sadece ilkini gerçekleştirebildi. Diğerleri için de tohumlar saçtı. Nefret tohumları. Cehalet ve fakirlik tohumları..

Diğer bir casus da Irak Devletinin Osmanlı topraklarından kopması ve kurulmasında en önemli kişi olarak gösterilen Gertrude Bell'dir. Bell de Türkiye ve Ortadoğu'daki faaliyetlerini arkeologluk maskesi altında sürdürmüştür. Tıpkı Lawrence gibi. Bilinen bir başka isimde tarihçi, yazar ve istihbaratçı Prof. Dr. Arnold Tonybee'dir.

Bu insanların ortak bir özellikleri var; hepsi de bizi bizden iyi bilirler. Memleketin her karış toprağını dolaşmışlardır. Dilimize hâkimdirler, çok iyi eğitim almışlardır. İşte bu insanlar ve bunlar gibiler bugün Avrupa'da Türkiye hakkındaki kötü imajların baş sorumlularıdır. Çünkü hep sakat açıdan bakıp kötüyü ve eksiğimizi görüp onu anlatmışlardır. Bizi karşı tarafa kasıtlı bir biçimde yanlış aksettirmişlerdir ve bunu da bilim maskesi altında pek rahat becermişlerdir.

Bu yüzdendir ki Birinci Dünya Savaşı ve sonrasında Türk halkı İngilizleri mutlak düşman, Amerikalıları ise ehven-i şer görmüştür ve işbirliği söz konusu olduğunda da Amerika İngilizlere her ortamda tercih edilmiştir.

HMS BELFAST
Üç gün önce Londra'nın ve İngiltere'nin sembolü konumunda olan Tower Bridge'in biraz uzağında yıllardır demir atmış ve görevine açık müze olarak devam eden 'HMS Belfast' gemisini gezmeye gittim.

Gemi, yıllardır Tower Bridge'in biraz ilerisinde duruyor ve her yıl yüzbinlerce insan tarafından geziliyor. Ben de gezdim. Çünkü buharla çalışan ve İkinci Dünya Savaşına katılmış 'gazi' bir gemiyi görme fırsatı her zaman yakalayamazsınız.

HMS Belfast gemisi 1938 yılında hizmete girmiş, 1965 yılına kadar aktif görevde bulunmuş ve 1971 yılında şu an bulunduğu Thames Nehrindeki yerine alınmış.

Bir gemiyi müzeye çevirme fikri orijinal bir fikir. Daha orijinali de İkinci Dünya Savaşında geminin yaşadığı maceraları seslendirmişler ve geminin içinde o günleri tekrar yaşar gibi oluyorsunuz. Bu işi iyi beceriyorlar. Yani müzeciliği. Belki de İngiltere doğal bir müze görünümünde bir ülke olduğu içindir. Gençlerin ilgisini çekecek türden müzelerimizin sayılarını artırmamız gerekiyor.

FICTION

Burada kitaplarına konularına göre 'fiction ve non-fiction' ciltlerine göre de 'hardback ve paperback' diye ayırıyorlar. Yani hayal ürünü olan ve olmayan ve kapakları ciltli ya da karton olanlar. Fiyatları elbette değişiyor. Kitabı okuduktan sonra saklamak isteyenler ve parası olanlar hardback kitapları tercih ederken bu konuda duyarlılığı olmayanlar paperback kitaplara yöneliyorlar ve hemen hemen her İngiliz her ay bir fiction kitap bitiriyor. En azından benim tanıdığım İngilizler bir ayda dört beş kitap bitiren insanlardı. Mesela Ted günde en az 5 saat kitap okur. Tabi fiction. Herkesin takip ettiği bir kitap vardır. Trenlerde ve otobüslerde insanlar çantalarında büyük büyük fictionlar çıkarırlarsa şaşırmayın. Okuyorlar ve dünyayı geziyorlar. Dünyada kimin ne yaptığını bu yüzden iyi biliyorlar. Mesela Ted, Kıbrıs'ın tarihini ve orada olup bitenleri birçok Kıbrıslıdan ve Türk'ten daha iyi biliyor.

Burada bir de kitaplar kasetlere okunuyor ve bu sistem görme özürlü insanlar, İngilizce öğrenen insanlar ya da kitap okumaya vakti olmayıp da dinlemeye fırsat bulabilenlere yardımcı oluyor. Yani kitap okumak değil de kitap dinlemek, çok kullanışlı bir sistem. Kasetlerle insan günde bir kitap bitirebilir. Çünkü ortalama bir kitabı iki kaset halinde üç saatlik bantlara kaydediyorlar. Birçok dünya klasiği BBC veya başka şirketler tarafından kasetlere alınmış durumda. Dünya klasikleri çok insanın korkulu rüyası.. Bilmek zorundasınız ama o kadar çoklar ki. Kasetler sayesinde bu işi bir ay gibi bir sürede kökünden halledebilirsiniz. Üstelik de İngilizce'niz için kulak dolgunluğu açısından büyük yararı olur. Not: 2012'de kasetlerin (ve hatta CD'lerin) yerini MP3'ler aldı. N ede çabuk geçiyor zaman!

PUBS & HUNTING

The Express gazetesinde Peter Tory'nin yazısını okuyorum.

"The Government ... is planning to ban smoking in pubs. It has already practically outlawed drinking, certainly in country establishments where you need the use of a vehicle. The streets of being restricted to one pint of beer and not even being permitted a sigle fag to banish the unendurable pressures of the day could create an immense mental health hazard in this country.

... The pub for centuries has been retreat that combines the release domestic tyranny with the freedom to indulge the body and the spirit to a sauna of reasonable excess; that is both the confessional corner and the counselling parlour. It is a mixture of the Lord's House and the psychiatrist's couch. And it is, we are often told, the very home of democracy. Drinks is its life blood, smoke is its oxygen.

... There is revolution in the air."

Köşe yazarı İngiliz insanının bu yasaklara mart ayı ile birlikte sokaklara çıkarak hayır diyeceğini belirtiyor ve daha sonra bunun 1 Mart 1998 tarihindeki tahminen 250.000 kişinin katılacağı 'avlanma' karşıtı gösteri ile birleşebileceğini ve baharın ihtilaller dönemi olduğunu yazıyor. Zaten hükümetin vergilerinden bıkmış durumda olan İngilizler yaşama haklarının da yavaş yavaş ellerinden alınmasına seyirci kalmak istemiyorlar. Pub'lar İngiltere'nin 'olmazsa olmazı'. Bu ülke bu yerler olmadan düşünülemez. Çünkü her İngiliz'in evinden sonra en fazla isteyerek gittiği yer pub.

Publarla ilgili söylenebilecek en güzel söz herhalde şudur:

Meyhâne mukassî görünür taşradan amma,
Bir başka ferah, başka letâfet var içinde.

Sanki publar için yazılmış bu dizeler. İçlerine girince kasvetli ancak İngilizlerin belki de insan oldukları tek yer publar! İngilizler pubların dışına çıkınca başkalaşıyor adeta. Bu yüzden pubda tanıştığınız İngiliz muhtemelen size karşı en doğal olan İngiliz olacaktır. Ucuz bira güzel dostlukların başlangıcı olabiliyor burada.

YANKEE ENGLISH

İngilizlerin kullandığı İngilizce ile 'Yankee' lerin kullandığı dil arasında bazı farklar var. Aşağıda birkaç örnek bulacaksınız:

İngiliz	Amerikan	İngiliz	Amerikan
bobby	police officer	loo	restroom
to book	to reserve	lorry	track
dustbin	trash can	mate	pal
coach	inter city bus	off licence	retail liquor store
chips	frenc fries	pants	underwear
fag	cigarette	piss	make of fun
flat	apartment	pissed	drunk
hire	rental	public school	private school
hoover	vacuum cleaner	quid	pound
jam	jelly	queue up	line up
knackered	tired, worn out	sweets	candy
lavatory 'lav'	restroom	toilet	restroom
to let	for rent	trainers	sneakers
lift	elevator	way out	exit

CARS

Buraya gelip de fazlaca kalmak isteyenlerin otomobil almaları birçok problemlerini çözebilir. Otomobil fiyatları da ucuz. Bir kıyaslama yapabilmek için burada en çok kullanılan otomobilleri ve fiyatlarını vereceğim. Türkiye'de Tofaş ve Renault'un yerini burada Ford ve Vauxhall almış. Burada 500£ para verip bir araba almanız mümkün.

Ford Fiesta

96 N Reg. FIESTA 1.1 Classic Quartz 3 dr   £ 4700
96 N Reg. FIESTA 1.3 Classic Cabaret 3 dr   £ 5800

97 P Reg. FIESTA 1.25 LX 5 dr	£ 8000
96 N Reg. FIESTA 1.6 Ghai 5 dr	£ 7900

Ford Escort

97 P Reg ESCORT 1.6 Cabaret	£ 9000
95 M Reg ESCORT 1.8 Si 5 dr	£ 7500
97 R Reg ESCORT 1.8 TD LX	£ 11.000

Ford Mondeo

94 L Reg MONDEO 1.8 LX 5 dr	£ 6000
96 L Reg MONDEO 1.8 LXTD 5 dr	£ 8300
97 P Reg MONDEO 2,5 Ghai X	£ 17,000
96 P Reg MONDEO 1.8 LX auto 5 dr	£ 6000

Ford Ka

97 R Reg. KA 3 dr	£ 7000

Vauxhall (Opel'in buradaki ismi- tıpkı Fiat/Tofaş gibi)

95 N Reg. ASTRA 1.6 16V CDX estate, air con	£ 9000
97 P Reg. VECTRA 2.0 Sri estate	£ 12700
97 P Reg. CORSA 1.2 LS 5 dr	£ 6800
97 P Reg. ASTRA 1.6 LS estate	£ 9300
96 P Reg. VECTRA 1.8 GLS auto 5 dr	£ 10700
96 P Reg. CALİBRA 2.0 16V leather	£ 15000
94 L Reg. ASTRA 1.6 GLS 5 dr	£ 6000

EV İSİMLERİ

İngilizlerin evlerine verdikleri isimler genelde kırsal hayata duydukları özlemi yansıtıyor. Birçoğunda ağaç ve bitki isimleri var. İngiltere'de evlere verilen isimler bile tespit edilmiş. Yaygınlık sırasına göre ilk 30 ev ismi şunlar.

The Cottage
The Bungalow
Rose Cottage
The Lodge
The Coach House
The Schoool House
The White House
Woood Lands
Hill Crest
The Gables
The Willows
Orchard House
Ivy Cottage
The Vicarage
The Old Vicarage
Hill Side
The Old Rectory
The Croft
The Hollies
The Laurels
The Firs
Tree Tops
Sunny Side
Green Acres
Yew Tree Cottage
The Old School House
Orchard Cottage
The Beeches
Fair View
Hill View

MAHMOOD MATTAN

1940'lı yıllar... O zamanlar İngiliz toprağı Somali'de doğan Mahmood Mattan büyük umutlarla İngiltere'ye gelmiş ve Galler bölgesinde bir kâğıt fabrikasında işçi olarak çalışmaya başlamıştır.

O dönemler İngiltere'ye dışarıdan göç dalgası başlamıştır, zira birer birer bağımsızlığını kazanan İngiliz sömürgelerinde on binlerce insana İngiliz pasaportu verilmiştir ve bu insanlar, idare İngilizlerin elinden çıkınca İngiltere'nin yolunu tutmuştur. Mahmood da aynı dönemlerde büyük umutlarla İngiltere'ye gelmiştir.

Ülkeye yabancıların gelmesiyle birlikte bunu savunanlar ve karşı çıkanlar olmuştur. İşte Mahmood'un şanssızlığı yabancı düşmanlarının çok olduğu ve içten içe bu insanlara kin besleyenlerle dolu bir bölgeye gelmek olmuş. O kadar iyi niyetliymiş ki insanların kötü niyetlerini hep iyiye yormuş hüsn-ü zan yapmış. Ona çatık kaşla bakanlara gülümsemiş. Onların bir Afrikalıdan beklemedikleri medeniyet örneği göstermiş, bu ülkeyi sevmiş ve benimsemiş.

1947 yılında Laura Williams adında Galli bir kız ile tanışmış ve çok geçmeden evlenmiş. Laura, Mahmood'un insanlığından son derece etkilenmiş ve etrafındakilere 'bana bir insan gibi, bir kraliçe gibi davranıyor' diyormuş. Gerçekten de Mahmood dünyada eşine az rastlanılır insanlık örneği gösteriyormuş. Son derece nazik ve tatlı bir insanmış ama Laura ile evlenmesi hem Somali hem İngiliz toplumunda hoş karşılanmamış, zira toplum sertliği ve hoşgörüsüzlüğü marifet sayan üstelik bundan gurur duyan insanlardan oluşuyormuş.

Mutlu günler çok sürmemiş. Etraftaki insanlar Laura ile dalga geçmeye, başından kovalarla sular boşaltmaya, hakaret etmeye ve 'zencinin kapatması' şeklinde kötü sözler sarfetmeye başlamış. Belki de bunlar kötü bir şeylerin habercisi gibi başlarından eksik olmamış. Laura sabretmiş, aldırmamış. Mahmood ise insanların onun hakkında kötü şeyler düşündüğüne ihtimal veremeyecek kadar saf ve temiz kalpli bir insanmış. Öyle ya namusu ile çalışıp geçimini sağlayan bir insana kim ne yapabilir?

1952 yılının Mart ayı... Lily Volpert isimli bir tefeci boğazı kesilerek öldürülür. Bir kişi olay mahallinde Mahmood'u gördüğünü söyler. Mahmood olaydan birkaç saat sonra apar topar tutuklanır, mahkemesi yapılır. Görgü tanığı bir kişinin "Ben, onu olay mahallinde gördüm." demesi ve Mahmood'un eskiciden alınma ayakkabısındaki kan izleri o dönemin mahkemesinde suçlu bulunması için yeter de artar bile. Eylül 1952 yılında infaz edilir. Artık bu dünyadan bir Mahmood eksilmiştir. O, onun gibilerin yaşadığı dünyaya gitmiştir.
Zaten hapishanede karısına da söyler, "Bu insanlar beni öldüreceklerse bu onlar benim canımı almak istedikleri için değil, Allah beni yanına istediği içindir." Evet, işte bu kadar saf ve temiz düşünceli insan...

1952 yılının Eylül ayında vatanı Somali'nin sıcak ikliminden binlerce kilometre ötede yağmurlu bir günde Cardiff hapishanesinde asılır bu insan. Mahmood'un yaşamı sona ermiştir; ama karısı Laura'nın hayatında yeni bir dönem başlayacaktır.

O günden sonra tam 46 yıl, karısı Laura Mattan bu insanın suçsuz olduğunu ve ırkçı bir önyargı ile mahkûm edildiğini anlatır. Mahkemeden mahkemeye koşar. Hakkını arar.

Aradan geçen 46 yılın sonunda Mahmood'un suçsuzluğu kanıtlanmıştır. İngiliz mahkemeleri bu adamın suçsuz olduğunu kabul etmek durumunda kalırlar ve karar ertesi günün bütün gazetelerinde geniş yer alır.

Laura artık hedefine ulaşmıştır. Kocasının suçsuz olduğunu bütün dünyaya duyurmuştur. Mahmood'dan olma David, Omar ve Mervyn adlı üç erkek çoçuğu ile birlikte artık başları dik, alınları açık dolaşabileceklerdir...

Mahmood gitmiştir ama arkasında üç evlat bırakmıştır: Yaşadıklarının canlı tanığı olarak David, Omar ve Mervyn. Bu adam sanki bu ülkeye bu çocukları bırakıp gitmek için gelmiş gibi geliyor bana. Öyle ya bu insanlar, bu ülkeye babalarının geldiği toprakların güzel esintisini bırakacaklar.

Mahmood'un arkasından bu ülkeye esmer tenli yüz binlerce insan gelmiştir. Hepsi bugün burada nispeten rahat yaşamlarını Mahmood gibi dalgakıranlara borçludurlar. Ama birçoğu onun hikâyesini unutmuştur. Birçoğu sersefil yaşar. Cehalet, fakirlik hüküm sürer aralarında. Mahmood'un topraklarından taşıdığı esinti bile kalmamıştır bazılarında. Bu topraklarda, bu toprağın insanlarından bile hoşgörüsüz olmuşlardır. Nerden nereye... Bir musibet beklerler herhalde.

Bu adamın yani Mahmood'un hikâyesini yazmak istedim çünkü okuduğum gazetelerde bu hikâye başından sonuna anlatılıyordu. İstedim ki bu hikâyeyi herkes bilsin. Bu varolma mücadelesini... Artık Mahmood bana çok şeyler söylüyor geçmişten ve gelecekten.

BUSINESS
İngiltere'de en iyi kazanan iş alanlarını bir gazetede görmüştüm. Gazetedeki sırasıyla bu 37 sektörü yazmak istiyorum.

1. Alkollü İçecekler
2. Tütün
3. Sigorta
4. Elektronik ve Elektrikli Cihazlar

5. Doğalgaz Dağıtımı
6. Ticaret Bankaları
7. Tikstil ve Hazır Giyim
8. Telekomünikasyon
9. İnşaat Malzemeleri
10. Medya
11. Hayat Sigortası
12. Sağlık Hizmetleri
13. Petrol Arama
14. Destek Hizmetleri
15. Su
16. Kağıt, Ambalaj ve Baskı
17. Diğer Finans Sektörleri
18. Elektrik
19. Gıda Üretimi
20. Eğlence Tesisleri ve Oteller
21. Maden Arama ve Sondaj
22. Nakliye
23. Yatırım Fonları
24. Mühendislik Taşıtları
25. İnşaat
26. Bira Fabrikaları, Publar ve Restoranlar
27. Emlak
28. Gıda Perakendeciliği
29. Mühendislik Hizmetleri
30. Genel Perakende
31. Genel Bankalar
32. Bireysel Bankacılık
33. Çeşitli Alanlarda Üretim
34. Farmasötik
35. Disbtribütörler
36. Kimyasallar
37. Ev Gereçleri

ILLITERACY

İngiltere'de 8 milyon 'illiterate' yani okuryazar olmayan kişi bulunuyormuş, ne kadar doğru bilmiyorum; çünkü dışarıdan bakıldığında hiç de öyle gözükmüyor. Ama bu ülkede ciddi bir eğitim problemi var. Eastenders Kebab'da yanımıza 15-20 yaşlarında İngiliz gençleri yaklaşır ve bir şeyler yazmamızı ya da bir kelimedeki harfleri söylememizi isterlerdi! Bazıları kendilerine gelen mektupları okuyamaz ve Mehmet Abi'ye getirirlerdi. Bütün İngilizler İngilizce bildiği için ve İngilizce bilmek Türkiye'de önemli ve okumuş insan işi olduğu için biz bu insanları okumuş sanıyoruz. Hâlbuki bu ülkedeki İngilizce bilenlerin hepsi okuma yazma biliyor anlamına gelmiyor. Londra cehaletin de başkenti olabilir mi?

CHELSEA KITCHEN - APPLE CRUMBLE & HAMPSTEAD - CREPE

Son bir iki hafta içinde epeyce dolaştım. Bir kız arkadaşımla Kings Road üzerindeki Chelsea Kitchen'da 'apple crumble', Hampstead'de muzlu ve çikolatalı 'crepe' yedim. Bazen küçücük ve sıcak işletmeler bir şehri anlatan rehberde büyük ve kocaman yer bulabiliyor. Bunlar da öyle yerlerden.

FACTORY SHOPS

Londra'daki fabrika satış mağazaları herkesin ilgisini çekiyor. Kaliteli ürünlerin ucuz bir fiyata alınabildiği bu fabrika mağazalarından birkaçının yerini öğrendim. Bunların en ünlüsü hiç şüphesiz Burberrys ya da Thomas Burberry. Adresi Chatham Palace, Morning Lane E9, Hackney Wick. Oxford Street'ten 30 numaralı otobüse bindiğinizde yakınından geçiyorsunuz. Meraktan uğradım. İçeride benim gibi birçok meraklı insan vardı ve herkes kaliteli tekstil ürünlerini, ceketleri, pantolonları, etekleri, montları, pardesüleri, tişörtleri ve daha birçok şeyi mağaza fiyatının çeyrek fiyatına almanın hesabını yapıyordu. Bir yandan aradıklarını bulmaya çalışıyor, diğer yandan kullanılan malzemenin kalitesini takdir ediyorlardı. Thomas Burberry tipik ingiliz elbiseleri üreten bir yer; fakat genellikle aristokratların ve lordların giyebildiği pahalı ürünler var. Üstelik kaliteli de.

Buna benzer bir diğer yer de The Loft Second Hand Design Store. Farkı ikinci el ürünler satması. Kadın/erkek Versace, Armanı, Westwood, Gaultier ürünlerini çok ucuza bulabileceğiniz bir yer.
Adresi:
The Loft, 35 Monmouth Street, London WC2.
Covent Garden ya da Leicester Square Underground istasyonlarından kolaylıkla ulaşabilirsiniz.

NOTTING HILL & PORTOBELLO ROAD

Notting Hill Gate'deki Portobello Road Market'e gittim; fakat Pazar günü olduğu için pazar yerinde değildi. Türkiye'ye dönmeden tekrar gitmeyi deneyeceğim; çünkü bu pazardan, çok özel antika ve el yapımı eserler bulunabilir. Pazar özellikle Cumartesi günleri canlanıyor ve burada çok şeyin bulunabilmesinin yanı sıra çeşitliliği ile de ünlü. İkinci el eşyalardan, butik elbiselere ve antikalara kadar her şeyi bulmak mümkün. Portobello ismi daha önce burada bulunan bir çiftlikten alınmış. Çiftlik de ismini 1739 yılında,

İngilizlerin Panama'nın Portobello şehrini ele geçirmesi üzerine almış.

CRICKET

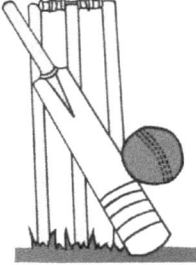

Bu ülkede kriket konuşulduğunda akla gelen ilk yer MCC yani Marylebone Cricket Club, sadece üst sınıf erkeklerden ve lordlardan oluşması; kadınları kriket sporundan uzak tutmaya çalışması ile tanınıyor. Aralarına kadın almıyorlar, kadınların kriket takımlarını da lige kabul etmiyorlar. Müthiş bir erkek hegomanyası. Öyle ki Başbakan bile bunların bu tutumuna bir ara çattı ve artık değişmeleri gerektiğini ifade etti. Kadınlar burada her istediklerini alıyor gibi gözüküyorlar; ama pek de öyle değil. Yarın bir gün kadınlar bu kulübe kabul edilseler bile onlara pek de itibar edilmeyeceğine eminim; çünkü köpeklerle tilki avına çıkmaktan haz duyan, bu zevklerini hiçbir zaman terk etmek istemeyen İngiliz aristokrasisinde gördüğüm kadarı ile ciddi bir kadın ve azınlık düşmanlığı var. Dışarıya pek yansımıyor; çünkü bunların içinde yaşadıkları toplum işlerini **gizlilik** içinde yürütüyor. Tüm bunlar bir yana, **kriket sporu** Türkiye'ye gelmeli. Türkiye de kriket liginde yerini almalı artık.

DISCRIMINATION

Discrimination (ırk, cinsiyet, dil ve din ayrımcılığı) burada yüzyıllardır varlığını sürdürmenin bir yolunu bulmuş. Öyle ki özel kulüpler içlerine kadın almamakta diretiyorlar. Fakat 1996 yılında Oxford ve Cambridge Club kadın üyeleri kabul etmeye başladı. Bu iki üniversite dünyanın en eski iki üniversitesi. Garip ama gerçek. 120 yıllık tarihinden sonra ilk defa kadın üye kabul eden diğer bir kulüp de Dublin Fitzwilliam Tennis Club. Çağdaşlığın sembolü olarak gördüğümüz Viyana Flarmoni Orkestrası ilk defa geçen yıl kadınların da Wagner çalabileceklerini kabul etti. Fakat MCC'nin hala bu konu da diretmesi anlaşılır gibi değil. Tipik İngiliz gelenekçiliği...

Dünyada insan haklarını savunan İngiltere'de erkeklerle aynı işi yapan kadınlara hâlâ daha az maaş veriliyor. En son örneği 20 küsur yıldır City of London Girls' School'da çalışan ve aynı işi yapan bir erkek meslektaşından yılda 6000 pound daha az maaş alan bir öğretmenin açtığı dava. Erkek öğretmen de City of London Girls' School'da çalışıyor. Aynı dersleri öğretiyorlar; ama tam 20 yıldır kadına az para ödeniyor. Örnekleri çoğaltmak mümkün.

REGENTS PARK & LONDON ZOO

Regent Park içindeki London Zoo'ya gittim. En yakın metro istasyonu Camden Town. Bu hayvanat bahçesinde çok değişik hayvan cinsleri ile karşılaşabilirsiniz. Özellikle sürüngenlerin bulunduğu bölüm çok ilgi çekiyor. Bu parkta isterseniz 600 pound vererek bir fili ya da 15 pound vererek bir ahtapotu evlatlık alabilirsiniz. Şaka değil gerçek. Burada piranalardan penguenlere kadar birçok hayvan bu şekilde belli bir ücret karşılığı yeni sahibine kavuşuyor. Böylece hem hayvan severlere kolaylık sağlanıyor hem hayvan güzel bir yuvaya kavuşuyor hem de hayvanat bahçesi para kazanıyor. Bir taşla bir sürü kuş...

MILLENIUM DOME

Daha geçen haftaya kadar İngilizler, 2000 yılında hizmete girecek ve ikinci bin yılı karşılayacak olan Millenium Dome'u tartışıyor; buraya yatırılan paranın gereksiz olduğuna inanıyorlardı. Bu proje İngiltere'yi 2000 yılına sokacak. Greenwich'te yapılan bu kubbe için 1 milyar pounda yakın para harcanacak; ama görüntüsü şimdiden pekçok eleştiri aldı. İçinde neler olacağını herkes birbirine sorup durdu. Daha düne kadar bilen yoktu; fakat başbakan buraya bir gezi düzenledi; belki de imajını yenilemek içindir. Ben de trenle yanından geçerken izliyorum yapımını arada bir. İşte Millenium Dome içinde bulunan bölümler:

1. The Mind — Discover the creative power inherent in us all
2. The Body Zone — Voyage into teh human machine
3. Spirit Level — Experience a moment of place and reflection
4. Licende to Skill — Match your skills to the new world of work
5. The Learning Curve — Open your mind to life-long learning
6. Transaction — See how finance is changing your life
7. Dreamscape — Dream, imagine and return refreshed
8. Serious Play — Find out how leisure can re-activate your life
9. Shared Ground — Examine the future of the British Isles
10. Living Island — Protect your environment day by day
11. Atmosphere — Experience the wonder of your planet
12. Time to Talk — Learn better ways of talking to each other
13. UK@Now — Britain's future for all of us

THE DAILY EXPRESS

Bugün Cuma. Sabah saat 8 civarında kalktım. Banyoya gidip duşumu aldım ve hemen aşağı mutfağa indim. Ted uyanmıştı. Jan ise gitmişti. Ted, sırt ağrısından dolayı zor günler geçiriyordu ama yine de işe gidiyordu, zira evde oturmaktan pek hoşlanmıyordu. Hem günlük olarak eve gelen The Daily Express gazetesini hem içlerinde ilandan başka pek fazla bir şey bulunmayan yerel gazetelerden Herald'ı okudum. 2 yumurta haşladım ve Kellogg's kutusunu açıp ballı fıstıklı corn flake döktüm bir kaba. Birazda süt ekledim. Çay zaten hazırdı. Kettle'daki sıcak suyu bir bardağa boşaltıp içine bir poşet çay atınca çay işi bitiyordu. Kahvaltımı böylece yaptım. Bu arada Kellogg's kutusundan çıkan birkaç bilmeceyi çözmekle uğraştım.

ACCOMMODATION

Herald gazetesindeki Accomodation sayfası dikkatimi çekti. Çünkü Londra'ya ilk geldiğim günler daha ziyade gazetelerin bu sayfalarını okuyordum. O kadar çok ilan bulursunuz ki şaşırırsınız. Kimi öğrenci istemez, kimi sadece yaşlıları ister, kimi sadece bir işte çalışanları; kimi depozit ister, kimi de referans. Bazısı erkeklere kiralamaz, bazıları sigara içenleri istemez; bazıları sadece 'gay' olanlara ev kiralar. Bir sürü gariplik...

Bu 'Accomodation' ilanlarından bir kısmını aşağıya yazacağım. Londra'ya gelmeden ne tip imkânlar ve fiyatlarla karşı karşıya olduğunuzu göresiniz diye. İlanlarda birçok kısaltma kullanılmış. Yeri geldikçe hepsinin uzun halini yazacağım. Gazete yerel bir gazete olduğu için sadece Londra'nın doğu ve kuzey doğusundaki kiralık yerler yazılmış doğal olarak. Ulusal gazetelerde ve **Loot** adındaki ilan gazetesinde Londra'nın her yerine ait kiralık ilanları bulabilirsiniz.

Accomodation to let

Accomodation in large clean shared house, double room £45 inclusive. Tel:..

2 bedroom furnished flat close to Redbridge Station. C/H £ 130 pw.. 1 bedrooom unfurnished flat Woodford £85 pw. No DSS. Tel:..

furnished studio flat, near Purfleet Sattion, newly decorated, most bills inclusive, £75 peer week, no DSS.

Ilford, superb one bedroom flat, ground floor, garden furnished DHSS / private. Tel:...

Self contained bedsit. Valentines park, Ilford, single person, £ 75 weekly. Tel:..

A terrific 1 bed house Durham Place, Eton Road, Ilford. Fully fitted kitchen with cooker, fridge and washing machine. Electric heating, garden, parking, excellent value £105 pw. (sorry no DSS) call today foor your free listing of many more available properties. Clintons Tel: 0181- 597 7342

Always single rooms to let, Canning Town / Manor Park, only DSS, no deposit, over 40. Tel:...

Attractive studio flat, Purfleet, £ 273 pcm, deposit and references required. Tel:..
Barking Close BR. Large furnished room, refurbished property, £ 50 pw. Tel:...

Chadwell Heath large single room, shared clean house, 2 bathrooms, Sky tv, no DSS, deposit £100, £65 per week inclusive, Tel:...

Double room, shared facilities, off Romford Road, Manor Park, suit working person. Tel:...

East Ham, two bedroom unfurnished second floor flat, parking, £125 pw. Tel:...

Gants hill, attractive large room in house share, £50 inclusive. Tel:...

Hornchurh 2 large bedroomed furnished flat, quite area, DSS welcome. £125 pw. Tel:...

Bunlar yerel bir gazetenin ilanları. Bu yüzden yer sıkıntısı yok ve kısaltma fazla kullanılmamış. Ulusal gazetelerde ilan pahalı olduğu için daha fazla kısaltma görmek mümkün. Karşılaştırma yapabilmeniz için 12 Mart tarihli Evening Standard gazetesinden de ilanlar aldım. Onları da aşağıya ekliyorum.

Houses to let

E13, 1 bed hse in secure mews. GCG fitted kit, cls tube. £450 pcm. Tel:...

Edmonton N9, furn mod town ho, ch, dg, 2 wc, nr train/buses. £165 pw. Tel:...

Mitcham, furn 3 bed hse, avail now. £150 pw. Tel:...
West Hampstead, Finchley rd. 4 bed furnished house, gdn, drive for 2 cars, near tubes. Avail immed. £525 pw. Tel:...

N9. Furn hse. Sleep 2/4. £140 pw. Tel:...

Flats, Maisonettes to let

WC 1 Bloomsbury. Lovely 2 bed flat, fully furn, gas ch, suit cple, £250 pw. Tel:...

Bow E3. Exec 2 bed f/f flt secure pkg entry phone £1000 pcm. Tel:...

Chelsea, lge 2 dble bed mais gdn view £300 pw Tel:....

Kensington, studios £90/120 pw. Bedsits £60, russell Sq studio £140 tel:...

Wood Green, v large newly refurb 3 bed flat gch, w/m near tube & mainline £200 pw.

Wembley large luxury 2 bed flat £170 pw. Tel:

Rooms and bedsits to let

Edmonton N9, rooms £49/79 pw. Tel:...

Barking, lrge 5 mins TBC/BR. Suit quite n5 prof fem. £ 65 pw inc. Tel:...

Short Term Accomodation

*A1 Accom nr Paddington stn. B/B all rooms COL TV,
CH, H&C water sgl £20. Dble £26. Tbl £30. uads £40.
wkly rates as well. Hotel Continental 40 Norfolk Square*

*Coventgardens, one bedroom flat in fantastic location,
wood floors throughout dble bedroom, for 2 months only,
£500 pw.*

Flat and House Sharing

*Angel Islington, luxury flatshares to suit profs working
in city £90/140 pw. Tel:..*
*Mayfair, Park Lane lux apt own dble rm £180 pw+dep,
share bills. Tel:..*

Kullanılan Kısaltmalar:

apt	: apartment (daire)
BR	: British Rail
C/H ya da ch	: central heating
cls	: close
cple	: couple (çift)
dble	: double (iki kişi)
dep	: deposit
DSS	: Department of Social Security
f/f	: fully furnished (dayalı döşeli)
fem	: female (bayan)
furn	: furnished (mobilyalı)
gch	: gas central heating
gdn	: garden
H&C	. hot and cold
hse	: house
inc	: inclusive (faturalar dahil)
kit	: kitchen
lge	: large
mais	: maisonette
nr	: near
pcm	: per month (aylık)
pkg	: parking
pppm	: per person per month (kişi başı aylık)

pppw	: per person per week (kişi başı haftalık)
prof	: professional (çalışan)
pw	: per week (haftalık)
quads	: quadruples (dört kişilik)
refurb	: refurbished
rm	: room
sgl	: single (tek)
sleep 2/4	: 2/4 kişilik
tbl	: treble (üç kişi)
w/m	: woman / man
wkly	: weekly (haftalık)
bedsit	: bedroom ve sitting room karışımı ve genellikle içinde cooking imkânları da olan tek odalı daire.
flat	: genelde birden çok odası olan daire
house	: ev, fakat ingiliz evi. Bizimkilerden farklı genelde iki katlı olmaları ve ayrı girişlerinin bulunması. Daire değil.
houshare	: bir daire veya bir evin birden fazla kişinin biraraya gelerek ortaklaşa kullanması
maisonette	: kendi girişi olan ve genelde iki katlı daire ya da küçük ev
room	: bildiğimiz anlamda oda
studio	: genelde tek odalı fakat içinde mutfak ve banyosu olan daire.
to let	: kiralık

OZ & NZ

Her İngiliz için Avustralya İngiltere'ye Türkiye'den çok daha yakındır. Tatil denince İngilizlerin aklına Kanarya Adaları veya Kıbrıs gibi yerler gelir genelde. Fakat daha büyük bir tatil aradıklarında Avustralya, Yeni Zelanda, Güney Afrika gibi ülkeleri tercih ediyorlar. Avrupa tatil yeri olarak ya da balayı mekânı olarak anılmıyor bile burada.

Avustralyalılar bu ülkede çok örgütlüler. Bir ara kaldığım Hampstead Heath'deki hostelde o kadar Avustralyalı insan ve bu ülkeye ait dergi, gazete vardı ki bir an kendimi orada sandım. Avustralya, Yeni Zelanda ve Güney Afrika'nın adı burada hep yan yana anılıyor. İngilizler Avustralyalılara kısaca **Ozzie** ya da **Aussie** diyorlar. **Oz** ise İngilizlerin Avustralya'ya verdiği isim. Avustralya, Yeni Zelanda ve civarındaki adaların toplamına Australasia diyorlar.

Biz sadece Çanakkale Savaşı'ndan Anzakları tanırız. Anzac ya da Anzak, Avustralya ve Yeni Zelanda askeri birliklerine verilen ad, aynı zamanda da Birinci ve İkinci Dünya Savaşlarında savaşmış OZ ve NZ (New Zealand) askerlerine verilen isim.

OZ, İngiliz İmparatorluğunun (British Empire) 51 ülkesinden sadece biri. Bu ülkeler arasında İngilizlerin en sevdikleri, tutuldukları ülke **'Jewel in the Crown'** ya da **'Tacın Mücevheri'** Hindistan. Özellikle Hindistan İngilizler için yeraltı ve yerüstü kaynakları ile mücevherden daha kıymetlidir.

SOME WORDS

Piss kelimesi
Buraya geldiğimde, "Yahu bu kelime ne kadar çok kullanılıyor!" dediğim 5-10 kelimeden biri de bu 'piss':

piss	urinate
piss-artist	a drunkard; a person who boasts of knowledge or skills that in thurt he does not have
pissed	drunk (çok kullanılıyor günlük dilde)
pissed a newt	very drunk indeed
piss off	to depart rapidly and immediately; go away; annoy; depress (bu kelime de sık kullanılıyor)
piss oneself	to wet one's pants
piss-taker	one who mocks
piss-up	to fail; to mess up; a session of extensive

pissy	drinking
	third rate or unacceptable

Bizim evde sık kullanılan bir diğer kelimede **'bugger off'**. Bu kelime Spook'u uzaklaştırmak için genelde Ted tarafından kullanılıyor. Spook fazla yüzgöz olmaya başlayınca Ted 'bugger off' diyerek onu uzaklaştırıyor. Bunun da sözlük anlamı 'go away; get lost' yani 'uzaklaş ya da kaybol'.

FRANKO-FOBİ
Bir kitapta okumuştum; İngilizler 1803 yılında bir memuriyet ihdas ediyorlar. Buna göre bir memur, elinde bir dürbün, her gün Dover kayalıklarına çıkıp Napolyon ordularının İngiltere'ye doğru yola çıkıp çıkmadığını gözlemekle görevlendiriliyor. Bu memuriyet görevi ancak 1945 yılında fark edilip, gereksiz olduğuna karar veriliyor ve sonlandırılıyor. Buna da 'İngiliz Franco-fobisi' örneği denir herhalde.

BALTIC EXCHANGE & LLOYDS

Lloyds TSB

Cumartesi günü okul kütüphanesinde geçirdim günümü. Kütüphanede derslerimle ilgili birkaç videokaset izledim. Reinsurance, Lloyds, Deep Sea Container Terminals ve Baltic Exchange Freight Futures Index (BIFFEX) adlı kasetleri izlemem yaklaşık iki buçuk saatimi aldı. Kitaptan okumaktansa kasedini izlemek daha güzel bir yöntem ve daha akılda kalıcı.

LIBRARY

Bizim kütüphanelerimizde maalesef böyle bir imkân yok. Burada video izlemek için okul kimliğinizi kütüphaneciye verip bir kulaklık alıyorsunuz ve istediğiniz kaseti açık raf sistemine göre çalışan kütüphaneden seçip seyrediyorsunuz. Bu, kütüphanenin birçok imkânından sadece biri.. Bu, kütüphanede herhangi bir ücret ödemeden internete girebiliyorsunuz. Ayrıca kütüphanedeki özel bir arşiv bilgisayarı sayesinde gazete ve dergilerin eski sayılarına çok rahatlıkla ulaşabiliyorsunuz. Tabi kütüphanedeki bilgisayar ve yazıcıları da istediğiniz gibi kullanabiliyorsunuz. Fotokopi makinalarını kullanabilmek için özel bir kart alıyorsunuz makineden. Bu kartı her fotokopi çekişinizde kullanıyorsunuz.

Kütüphaneden *Marine Economics* kitabını ödünç aldıktan sonra eve gitmek için yola çıktım. Yolda Safeway adlı süpermarkete uğradım. Alışverişimi yaptım. 15 pound tuttu. Bu tip yerlerde genelde çek defteri kullandığım için bir sayfa koparıp kasiyer bayana uzattım, tabi banka kartı ile birlikte. Banka kartının arkasına bakarak imza ve ismi kontrol ediyorlar. Daha sonra çeki bir makineye sokuyorlar ve makine çeke 15 pound yazıyor. Size de sadece imzalamak düşüyor. Yani çeki kendiniz bile doldurmuyorsunuz. Bu çek kullanma olayını seviyorum. Çek vermeyi nedense kredi kartı kullanmaktan daha fazla seviyorum. Daha zevkli geliyor bana..

Alışverişimi yapıp eve geri dönüyorum. Aldıklarımın arasında İngilizlerin meşhur çocuk şarkıları ve ninnilerini içeren birkaç kaset de var. Bazı şarkıları özellikle duymak istedim. Aslına bakarsanız bu tip şarkıların İngilizce öğrenmede büyük yararı olduğuna inanıyorum. Bunlar arasında en ünlülerinden biri olan Humpty, Hacettepe İngiliz Dili hocalarından Burçin Hocanın dilinden düşürmediği ninni. Kısaca bahsedeyim isterseniz. Bu ninni kahramanı yumurta şeklinde bir karakter.. Sanırım ilk olarak Lewis Caroll'ın 'Through The Looking Glass' (1872) adlı eserinde kullanılmış ve meşhur 'fictitious' yani hayali kahramanlar arasında yerini almış. Fakat Burçin Hanım bu ifadeyi sanırım 'ümitsiz vakalar (öğrenciler)' için kullanıyordu çünkü Humpty Dumpty ninnide oturduğu duvardan düşüyor ve kralın askerleri onu tekrar bir araya getiremiyorlar, bu yüzden bu ifade artık iflah olmaz kişileri ve eşyaları tanımlamak için kullanılıyor. Sözleri de ilginç ninninin.

Humpty Dumpty sat on a wall
Humpty Dumpty had a free fall
And all the king's horses
And all the king's men
Couldn't put Humpty together again.

Bütün İngilizlerin bildiği bir iki ninniden biri herhalde bu.

Ertesi gün yani Pazar günü kütüphaneye gitmek için ayrılıyorum; ancak bu sefer karar değiştirip biraz gezmek istiyorum. Kentish Town'a gidiyorum, oradan da Camden Town'a tabi ki. Buraların renkliliği, canlılığını seviyorum. Özellikle Camden bana çok güzel geliyor. Daha sonra otobüsle Trafalgar Square'a doğru gidiyorum.

Burada St. Martin kilisesinin arkasındaki sokak pazarını geziyorum. Pazarda bir Türk standına rastlıyorum; ama konuşmadan ilerliyorum. Çünkü vakit kaybetmeden başka yerlere de gitmek istiyorum. The Mall yolunu kullanarak Buckingham Palace'a kadar yürüyorum. Kırmızı asfaltlı bu yol daha çok törenler için yapılmış ve etrafında birçok hükümet binası var. Güzel ve huzur verici bir yer. Sakin. Turist dolu; ama bizdeki gibi her turistin etrafında turisti bezdirircesine ona bir şeyler satmak isteyen satıcılar ve hanutçular yok; çünkü bu iş burada yasak. Burada bir şey yasaksa o şey gerçekten yasaktır. Uymayanı yerler!

HYDE PARK

Hyde Park. Burası -neden bilmem- Londra'yı çok güzel yansıtıyor. Bir tarafta aristokrat beyefendiler ve hanımefendiler, atlar için yapılmış, parkın etrafını dolaşan özel pistte atları ile dolaşıyor diğer tarafta paten kayanlar, yürüyenler, Serpetine'deki ördekleri besleyenler, kafa dinleyenler, el ele sevgililer ve yine o meşhur Speakers' Corner'daki konuşmacılar bulunuyor... Bu sefer konuşanlar içinde 'No to European Union' diyen ve İngiltere'de kötü giden birçok şeyi 'Free Masonry' ve masonik teşkilat ve gizli örgütlere bağlayan orta sınıftan bir adam, 'Christianity Created Capitalism And It Must Now Destroy It' yazılı pankartı ile başka biri, 'The Blood Of Jesus Christ' yazılı pankartlarıyla Hıristiyanlığı, belki de biraz radikal bir biçimde anlattıkları için içeride yatan insanları savunan bir grup ve yine her zamanki gibi Hıristiyanlık ve Müslümanlık tebliği yapan insanlar...

Burada göze en çok çarpan şey, Müslüman ve Hıristiyan konuşmacıların çokluğu. Her Pazar üç dört Hıristiyan ve iki üç Müslüman konuşmacıya rastlamak mümkün. Bu hafta karşılaştığım ilginç bir tip de 'futbol' propagandası yapan alt sınıftan bir insandı. Futbolu seviyorsanız buraya gelin, sevmiyorsanız beni dinlemeyin diyordu bu adam. İngiltere'de ve dünyada futbolun ne kadar popüler olduğunun; hatta hayatlarını buna göre yönlendiren birçok insanın bulunduğunun kanıtı idi bu belki de. Adam bu işten bir kazancı olmadığı halde bir kasanın üzerine çıkmış 'futbol' diye bağırıyordu. Diğer bir ilginç tip de 'I am your master' diyen ve etrafındakileri güldüren bir adamdı. Bir gün ben de burada konuşmak istiyorum öylesine.

Buradan da insanlara yarım saat kadar kulak misafiri olduktan sonra ayrılıyorum. 'No To European Union' diyen adamı tekrar görüyorum, aklıma evde iken Jan'ın *'Bizim Avrupa ile hiçbir ortak yanımız yok, niye Avrupa Birliği'ne giriyoruz?'* demesi geliyor. Tam o sırada üç polisin yanından geçiyorum, polis telsizinden *'black jacket, dark jeans'* anonsu duyuyorum. Belli ki onlar da birinin peşinde. Anonsu duyduktan sonra bu tanıma uyan birini bulabilmek için kalabalığa daha bir dikkatli bakıyorlar. Ben onları beklemeden oradan ayrılıyorum. Ama orada birini yakalasalar sanırım kötü-şöhretli *Marylebone Police Station*'a götürürler ve ifadesini orada alırlar.

İNGİLİZ ATLARI

The British Horse Society

Registered Charity No. 210504

Eve gitmek için bir tube'a doğru giderken yolda yine atlarla karşılaşıyorum. Bu sefer polis atları. Atlar o kadar büyükler ki sanki üzerindeki polis size bir kat yukarıdan bakıyor hissi veriyor. Çok iyi beslenip bakıldıkları semiz görünüşlerinden belli. Atları görünce korkuyorsunuz. Tiplerinden değil, heybetlerinden. Bu atlar genelde polis tarafından toplu göstericilere karşı kullanılıyorlar. Eminim çok da etkili oluyorlardır; çünkü bu atlar bizdeki cılız atlara hiç mi hiç benzemiyor.

GREYHOUND ve HARE

Yarışta ve avcılıkta kullanılan tazılar İngiltere'nin simge hayvanlarından. Greyhound (kazı) kelimesi birçok yerde karşınıza çıkacak. Yarışlarda *"oyuncak bir tavşan"* (hare) peşinde koşan tazılardan bitiş çizgisine en erken ulaşanı yarışı kazanmış sayılıyor. Kıbrıs'ın bizim olan tarafında (Rum kesiminde kumar yasakmış diye duydum) bile İngiltere'deki tazı yarışları canlı yayından izleniyor ve bahis oynanıyor! **Tazıya tut, tavşana kaç** demek İngiliz siyasetinin de hayatının da bir parçası sanırım..

HOMELESS

Neyse metroya bindim ve hemen yanımdaki koltukta homeless (evsiz) insanlarla ilgili bir broşür buldum. Hemen aldım. Metrolarda okunmuş gazete ve dergilere çok rastlarsınız burada. Gazeteyi okurlar ve metroda bırakırlar. Biz de pek yaygın değil; ama burada metroların içi kütüphane gibi, hangi gazeteyi arasanız bulursunuz. Şehirde dolaşırsanız ekonomi gazetelerine, diğer yerlerde de Sun gibi gazetelere çok rahat ulaşabilirsiniz..

Neyse aldım broşürü elime ve okumaya başladım.

"How many people sleeping rough will die this winter? It is estimated 90 people died like that last year, in

---

London alone. And did you know that a quarter of those now living rough are less than 25 years old.

But street homelessness is just the tip of the iceberg. The number of homeless families in the UK has almost doubled in the last fifteen years. And a government report estimates that more than 1,000,000 homes in the UK are unfit for human habitation..."

ve daha bunun gibi birçok şey.

Sokakta yaşayan evsiz insanların ortalama ömrü 42'iymiş, yani bu insanların çoğu 50 yaşını bile göremiyor. Yazık, 'poor old Britain' demek geçiyor insanın içinden.

MAGISTRATES' COURT

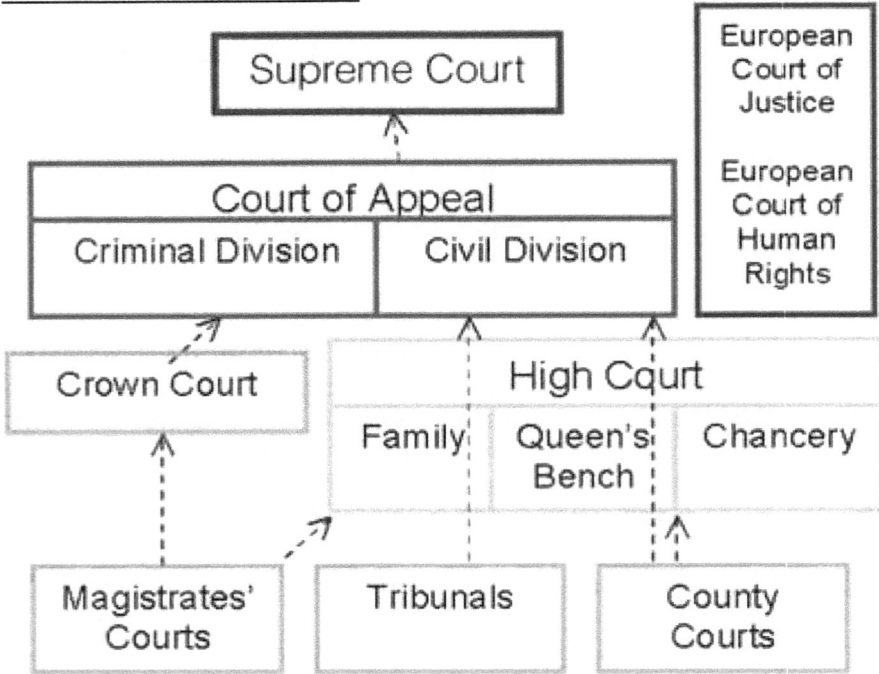

```
+-----------------------------+        +-------------+
|        Supreme Court        |        |  European   |
+-----------------------------+        |  Court of   |
              ^                         |   Justice   |
+-----------------------------+        +-------------+
|       Court of Appeal       |        |  European   |
+--------------+--------------+        |  Court of   |
| Criminal     |  Civil       |        |   Human     |
| Division     |  Division    |        |   Rights    |
+--------------+--------------+        +-------------+
     ^              ^      ^
+-------------+   +---------------------------------+
| Crown Court |   |         High Court              |
+-------------+   | Family | Queen's  | Chancery    |
     ^            |        | Bench    |             |
                  +---------------------------------+
                                           ^
+-------------+   +-------------+   +-------------+
| Magistrates'|   |  Tribunals  |   |   County    |
|   Courts    |   |             |   |   Courts    |
+-------------+   +-------------+   +-------------+
```

95'teki gelişimde başımızdan mahkemelik bir olay geçmişti. O sayede karakolları ve mahkemeleriyle de tanıştık İngilizlerin.

Totenham Court Road'da bir arkadaşla buluşacaktık. Şehir merkezine 3 kişi arabayla gittik ama yanlış bir yola girmiştik. Biraz geri gelip doğru yola girmek isteyince biri kadın biri erkek iki İngiliz polisi yanımıza geldi. Ehliyet ruhsat falan istedi bayan olanı. O arada yine bayan olanı, neden geri geldiğimizi sorup arabayı kullanan arkadaşıma 'Stupid!' dedi. Arkadaşım da o bayan polise "You are stupid!" diyerek karşılık verdi. Sonra arabadan çıkardılar, iki polis kollarına girdi ve neredeyse sürükleyerek 30 metre kadar ileride olduğunu o anda öğrendiğimiz, Londra'nın merkez emniyet müdürlüğü konumundaki Marylebone Polis İstasyonuna götürdü. Erkek polis sesini bile çıkarmamıştı; ne yaptıysa o bayan polis yaptı. Erekk polise kalsa belki bizi bırakacaktı bile. Orta bir şey yoktu çünkü. Biz arabayı bıraktık karakola koştuk. Arkadaşı nezarete tıktılar. Biz de karakolun gişesine gidip durumu sorduk. 7 maddelik bir suç dökümü verdiler elimize! Bir numarada "dangerous driving!" İngiliz işi "kelime oyunları" burada da karşımıza çıkmıştı. Oysa ki hızımız saatte 20 kilometreydi ve bulunduğumuz yerde trafik hareketi yok denecek kadar azdı. Sonrasında eve gidip istedikleri belgeleri falan getirdik karakola. Geceyarısı tanıdığımız Türk bir ailenin de yardımıyla 3000 sterlin kefaleti bulup arkadaşı çıkardık. Cumartesi günü öğlen 12'den gece 12'ye kadar 12 saat içerde kalmıştı. İçerisi zenci dolu, duvarlar pislik diye anlatıyordu içerisini! İngiliz polisi bir bardak su bile vermemişti 12 saat boyunca ona. Polis Pazartesi saat sabah 10'da mahkemeniz var, dedi. Yani Cumartesi günü trafikte ufacık bir sıkıntı ve Pazartesi mahkemeye çıkarıldık! Magistrates' Court'a.. yani buradaki Sulh Hukuk Mahkemesi. Polis mahkemesi deniyormuş bunlara eskiden.

Aynı olayı bir İngiliz yaşasaydı en ufak bir şey olmazdı. Bunu bize mahkemede verilen nöbetçi avukat da söyledi. Tercüman da istedik prosedürü iyi anlamak için. Bir bayan tercüman göndermişler Pazartesi sabahı. Mahkemeye çıktık. Biz izleyici kısmında, arkadaş sanık kısmında. Mahkeme arabayla ilgili birkaç evrak istedi ve duruşma ileri bir tarih ertelendi. Sonraki duruşmada üç yüz küsur sterlin kadar ceza aldı arkadaşım boş yere. İngiltere'de polis resmen ırkçı. Buna bizzat tanık olduk. İngiliz polisinin bu tür ırkçı davranışları ülkelerine **vandalizm** olarak geri dönüyor! Bunu birilerinin onlara anlatması lazım.

SEKİZİNCİ HENRY ve ZALİM MARY
Eve geldim. Elbiselerimi çıkardım, eşofmanlarımı giydim. Bendeki spor sevgisinden olacak herhalde, pijama yerine eşofman giyiyorum yatarken.

Aşağıya indim. Biraz televizyona bakmak için. Gazeteyi elime aldım, hangi kanalda neler var bir göz attım. Bir kanalda ünlü bir İngiliz tarihçisinin ünlü bir İngiliz kralından bahsettiğini gördüm.

Henry çok değişik bir kral. Tabi sadece tarih kitapları ondan etraflıca bahsettikleri için değil. Bunun birçok sebebi var.

8. Henry 1491 ve 1547 tarihleri arasında yaşamış, yani Osmanlı İmparatorluğunun en görkemli yıllarında ve Osmanlı tarihinin en büyük padişahlarının yaşadığı yıllarda. Henry, Roma'yı ve Papa'yı reddederek Anglikan Kilisesini (Church of England) kurması, altı kadın ile evlenmesi, ikisinden boşanması ve diğer ikisini idam ettirmesi ile tanınıyor.

Ünvanı şöyle Henry'nin:
> *"Henry the eight, by the grace of God, King of England, France and Ireland, Defender of Faith and of the Church of England, and also of Ireland, On Earth The Supreme Head".*

1509 yılında tahta çıkıyor Henry. Tudor hanedanından. Abisi Prens Arthur'un ölmesi üzerine taç giymesinden kısa bir süre sonra abisinin dul karısı ile (Catherine of Arragon) evleniyor (kendi isteği dışında oluyor bu evlilik). Bu evlilikten bir erkek çocuğu oluyor ama ölüyor. Bunun dışında bu evlilikten sonraları I. Mary olarak anılacak olan kraliçe dünyaya geliyor.

Daha sonra Henry bu kadından ayrılmak istiyor; ama Katolik inancında boşanma olmadığı için Papa tarafından boşanma isteği reddediliyor. Bunun üzerine Henry 1534 yılında Act of Supremacy yasasını çıkartıyor ve bütün güçleri kendi elinde topluyor. Daha sonra Roma'dan ve Papa'nın emrinden ayrıldığını ve Anglikan Kilisesini kurduğunu ilan ediyor. Böylece Anglikan Kilisesinden ayrılıyor ve Anne Boleyn adında bir kadın ile evleniyor. Bu kadın kendisine erkek evlat vermeyince onu idam ettiriyor. Fakat bu evlilikten dünyaya gelen I. Elizabeth daha sonra İngiltere Kraliçesi olacak. Kraliyet ailesinde doğan çocukların hiçbirinin çalışma, iş bulma gibi dertleri de pek yok. Genelde bir ülkeye kral ya da kraliçe olarak gitme şansları çok yüksek. Hiçbir şey olamazlarsa prens ya da prenses oluyorlar. Bu da yeter.

Henry garip bir kişilik. Önceleri protestanlığa karşı polemikler kaleme alıyor ve bu yüzden de Papa ona 'Fidei Defensor' ünvanını veriyor yani **'Defender of Faith'** -İnancın Savunucusu. İngiliz demir paralarının üzerine bakarsanız bu iki harfi hâlâ görebilirsiniz: FD, Fidei Defensor. Bu büyük bir tezat.

8. Henry kendine 5. Henry'i örnek alıyor ve boş zamanlarında Fransa'ya giderek biraz toprak fethedip geliyor. Kilise üzerinde yaptığı bu değişiklik Avrupa'da çoktan başlamış olan Reformların İngiltere'de de başlamasının yolunu açıyor. Bu tarihten sonra İngilizleri karşımızda Protestan olarak görüyoruz ama yine de bu ani değişiklikten yani Katoliklikten bir anda vazgeçip Protestan olmak kimilerini rahatsız ediyor. Bu yüzden sonraları İngiltere'de binlerce insanın kanı mezhep savaşları yüzünden akıyor.

Olay burada bitmiyor. Henry'nin ilk kızı Mary I, yani Henry'nin Catherina of Aragon'dan olma kızı 1553 yılında tahta geçiyor. Babası 8. Henry'nin, annesinden boşanmak için protestanlığa geçtiği Mary, başa geldiğinde babasının yolunu takip edenlere yani 'kâfir protestanlara' düşman oluyor ve ardında da kötü bir şöhret bırakıyor. **'Bloody Mary'** anlamı **'Zalim Mary'**. Çok kan akıyor Mary zamanında. Mary, Protestan olduklarına inandığı herkesi öldürtüyor.

Mary zamanında iç savaşlar yüzünden İngiltere dışarıda başarılı olamıyor; elindeki son Fransız toprağı ve şimdilerde Manş Tünelinin Fransa kapısı olarak ismi gündeme gelen *Calais*'i de kaybediyor.

FULL METAL JACKET
İngiliz tarihi çok renkli ve kanlı. Bazılarından yeri geldikçe bahsedeceğim. Neyse, televizyondaki programlardan biri de Amerikan yapımı 'Full Metal Jacket' adlı filmdi. Film çok ilgimi çekti. Filmin ilk yarısı Vietnam savaşı sırasındaki askeri eğitimin sert ve zor yanlarını gazeteci bakışı ile yansıtıyordu. İkinci yarısında ise yine gazeteci gözünden

Vietnam savaşı anlatılıyor, yansıtılıyordu. Cephe gerisi gözler önüne seriliyor, askerlerin ruhsal durumları irdeleniyordu. Amerika için yıkıcı bir savaş oldu Vietnam. Kendini kanıtlamak ve silah gücünü göstermek istedi Vietnam'da; ama 'savaşın galibi olmaz' sözüne çarptı. Bu filmi bulup bir kere daha seyretmek istiyorum.

Bugün Jan ve Anna Suffolk'a gitmişlerdi. Döndüklerinde çocukların yani James ve Jashua'nın beni özlediklerini söylediler. Ben de onları özlemiştim. Biraz konuştuk, daha sonra kalkıp odama gidip yattım. Bir gün de böyle geçmişti.

LONDRA TÜRK RADYOSU
Bu sabah kalktığımda 1584 AM istasyonundaki LTR'yi yani Londra Türk Radyosunu açtım. Biraz haber, biraz şarkı, biraz da yıldız fallarını dinledim.

CALEDONIA
Bir kitap alıyorum elime ve İskoçya'nın şiirlerindeki isminin 'Caledonia' olduğunu öğreniyorum. Caledonia kelimesi her gördüğümde dikkatimi çekiyordu. Anlamını öğrendiğim iyi oldu. Zor koşulların ve sert insanların coğrafyası İskoçya.

HUKUK BARRISTER LAWYER ADVOCATE SOLICITOR AGENT
Bir başka dikkatimi çeken şey de **barrister** kelimesi. Sanırım hiçbir zaman barrister, lawyer, advocate, solicitor ve agent kelimeleri arasındaki nüansı tam olarak öğrenemeyeceğim ama hepsinin anlamlarının bir şekilde avukata (vekil) çıktığını biliyorum. Hukuk bilgimi gözden geçirmem gerekiyor. Çünkü özellikle İngiltere 'hukuk' kelimesinin önemli olduğu ve hakkının verildiği bir ülke. İstisnaları var elbette.

MÜZELER VE GÖRKEM
Büyük medeniyetler bilgi ile kuruluyor. İngilizler hayatlarının, kültürlerinin, tarihlerinin bilim ve teknolojilerinin birçoğunu müzelerde sergilemişler. Müzeler bir ülkenin sağlamlığının ve

köklerinin derin olduğunun bir göstergesi. Öyle ya tarihi ve derinliği olmayan bir ülkenin gösterecek nesi olabilir ki?

Marmara Üniversitesi İletişim (Basın Yayın) Fakültesinde bir yıl okudum ve oradaki ilginç hocalardan biri olan Prof. Dr. Ünsal Oskay Bey *İletişim Psikolojisi* dersinde sık sık 'görkem' kavramından ve büyük ülkelerin görkemli binalarından bahsederdi. Gerçekten de büyük medeniyetler büyük ve görkemli binalar inşa etmişler ve bu binalar genelde günümüze kadar ulaşmışlardır. Tabi bunun başlıca sebebi güç gösterisi. Müzeleri ve görkemli binaları İngiltere'nin gücünün bir göstergesidir ya da bu gücü gösterecek şekilde inşa edilmişlerdir. Burada müzeleri gezerken ya da bazı yerlerde dolaşırken o görkemin farkına varıyorsunuz. Zaten bu görkemleştirme bilerek, dikkat çekmek için yapılmış. Belki de 'Biz büyük devletiz' hissini canlı tutmak için yapılıyor bu büyük binalar, belki de devletin ve de devlet kavramının büyüklüğü bu binalarla yansıtılmaya çalışılıyor. Devlet ne kadar büyük ise binalar da o kadar görkemlidir genelde. Küçük devletlerin ise binaları genellikle derme çatmadır.

Kısaca müzeler bu görkemi görebileceğiniz yerler. Bunlardan bazılarını, Londra'daki ünlü ve görkemli yerlerin bazılarını aşağıya ekliyorum.

Gezilebilecek Yerler	En yakın Underground
Barbican Centre	Barbican/Moorgate
Big Ben	Westminster
British Museum	Russell Square/Totenham Court Road
Buckingham Palace	Green Park/St. James' Park/ Victoria
Cabinet War Museum	Westminster/ St. James' Park
Carnaby Street	Oxford Circus
Camden Market and Lock	Camden Town
Chinatown	Leicester Square/ Piccadilly Circus
Covent Garden	Covent Garden
Downing Street	Westminster
Eros/Piccadilly Circus	Piccadilly Circus
Festival Hall	Waterloo
Harrods	Knightsbridge
Hippodrome	Leicester Square
HMS Belfast	London Bridge

Houses of Parliament	Westminster
Horse Guards Parade	Charing Cross/Westminster
Imperial War Museum	Lambeth North/Elephant & Castle
London Aquarium	Waterloo/Westminster
London Dungeon	London Bridge
LondonToy&Model Mus.	Paddington/Lancaster Gate
London Transport Mus.	Covent Garden
London Zoo	Camden Town
Mad. Tussauds&Planetarium	Baker Stereet
Marble Arch	Marble Arch
Monument	Monument
Museum of London	Barbican/ St. Paul's
Museum of the Moving Image	Waterloo
National Film Theatre	Waterloo
National Gallery	Charing Cross
Natural history Museum	Suoth Kensington
Old Bailey	St. Paul's
Petticoat Lane	Aldgate East/ Liverpool Street
Royal Albert Hall	South Kensington
St. James's Palace	Green Park/ St. James's Park
St. Paul's Cathedral	St. Paul's
Science Museum	South Kensington
Selfridges	Bond Street
Shakespeare's Globe Theatre	Mansion Hjouse
Tate Gallery	Pimlico
The Temple	Temple
Tower Bridge	Tower Hill/London Bridge
Tower of London	Tower Hill
Trafalgar Square	Charing Cross
Trodero	Piccadily Circus
Victoria&Albert Museum	South Kensington
Westminster Abbey	Westminster/St. James's Park
Westminster Cathedral	Victoria

Bu yerler Londra'daki gezilip görülmesi gereken yerlerin sadece en önemli kısmı. Bunların dışında da birçok yer var.

LEST WE FORGET
Poppy Day - Lest we forget..
Gelincik Günü - Unutmayalım diye..

Bazen sokaklarda yakasına **'gelincik'** takmış insanlar görürsünüz. En çok da Kasım ayı içinde olur bu; çünkü 11 Kasım'a en yakın Pazar günü Remeberance Day (Sunday),

Poppy Day ya da Veterans Day (Gaziler Günü) olarak kutlanır burada. Yakalarda gelincikler taşınır; çünkü Belçika'da Flanders yöresindeki mısır tarlalarında yetişen gelincikler Birinci Dünya Savaşı sırasında ölen İngiliz askerlerini temsil eder bugün bu gelincikler; ama her iki dünya savaşında ölenleri de temsil ediyor.

They shall grow not old,
As we that are left grow old,
Age shall not weary them,
Nor the years condemn.
At the going down of the sun,
And in the morning
We will remember them.

Gelincikler, ilk defa bir subayın yazdığı şiir ile ün kazanıyor. Kanadalı subayın şiiri o tarihten sonra her iki savaşta da ölenler için, İngilizlerin yakalarında 'poppy' yani 'gelincik' taşımalarına vesile olmuş. Şiir 1915 yılında yazılmış. Aynen aktarıyorum.

In Flanders fields the poppies blow
Between the crosses, row on row
That mark our place; and in the sky
The larks, still bravely singing, fly
Scarce heard amid the guns below.
We are dead. Short days ago
We lived, felt dawn, saw sunset glow,
Loved, and were loved, and now we lie
In Flanders field.
Take up your quarrel with the foe;

To you from falling hands we throw
The torch; be yours to hold it high.
If we break faith with us who die
We shall not sleep, though poppies grow
In Flanders fields.

Şiiri yazan subay John McCrae de 1918 yılında cephede ölür. Evet, bu şiir Londra sokaklarında gördüğünüz o gelinciklerin nedenidir. Bu gelincikler, bugün o savaşlarda görev yapmış insanlar tarafından yapılıyor ve Royal British Legion temsilcileri tarafından sokaklarda satılıyor. Artık gelincik görünce boş gözlerle değil daha anlamlı bakıyorum.

JEWS

Hath not a Jew eyes?
Organs, dimensions, senses,
Affections, passions?
Fed with the same food,
Hurt with the same weapons,
Subject to the same diseases,
Healed by the same means,
Warmed and cooled by the same
Winter and summer
as a Christian is?

Yukarıdaki mısralar Globe Education Centre tarafından organize edilen 'Shakespeare and The Jews' konulu dersleri anlatan kitapçıktan alındı. Mısralar Shakespeare'a ait. Onun Yahudilerle ilgili görüşünü içeriyor.

Aslında Global Education tarafından organize edilen dersler, akşam kurslarını, halka açık seminer ve workshopları ve bu konu ile ilgili yazılmış eserlerin okunmasını ve tartışılmasını içeriyor. Yani konu değişik biçimlerde ele alınıyor. Bu bağlamda Shakespeare'in 'The Merchant of Venice' adlı oyunu enine boyuna tartışılacak ve Elizabeth döneminin Yahudileri masaya yatırılacak. Aslında konuyu ele alma biçimleri çok güzel. Yani sadece birkaç kişi çıkıp da nutuk çekmiyor. Bunu yerine dönemi yansıtan diğer oyunlar da ele alınarak katılımcı bir ortamda konu ele alınıp tartışmaya açılıyor.

Dönemin Yahudilerini anlatan dersler sırasında işlenecek kitaplar da ilginç. Dersler boyunca tartışılacak olan kitaplar şunlar:

'The Custom of the Country' (1620)
John Fletcher ve Phillip Massinger tarafından yazılmış bir kitap.

'A Christian Turn'd Turke' (1612)
Robert Daborn tarafından yazılan bu kitapta iki ünlü korsanın trajik yaşam ve ölümleri anlatılıyor. Kitabın konusu Yahudilerin, Türklerin ve Hıristiyanların bir arada yaşadığı Tunus'ta geçiyor. İki korsandan biri olan Ward, Hıristiyanlar yerine Türklerin safına geçince kendi trajik sonunu hazırlamış oluyor. İlginç bir kitap.

'The Whore of Babylon' (1607)
Thomas Dekker'in bu kitabı, Elizabeth döneminin 'altın yıllarını' dramatize etmek için yazılan eserlerden biri. Bu eserde bir Yahudi'nin Kraliçe Elizabeth'i öldürme teşebbüsünden Spanish Armada olayına kadar dönemin birçok ilginç olası bir tarihci gözü ile değil bir şair gözü ile anlatılıyor.

'The Travailes of the Three English Brothers' (1607)
Kitap John Day, William Rowley ve George Wilkins tarafından kaleme alınmış; Avrupa, Türkiye ve İran'a üç kardeşin yapmış olduğu seyahatleri anlatıyor. Tanıtım yazısının sonunda 'be prepared to meet the Pope, the Great Turk, the Sophy, Zariph, the Jew, Will Kemp and an Italian husband and wife double-act on the way' ifadesi dikkatimi çekti. Belli ki seyahatleri boyunca karşılaştıkları her milleti, her insanı ele almıştı üç İngiliz kardeş.

'The Jew of Malta' (1590)

Bu kitap da Christoper Marlowe tarafından yazılan meşhur bir kitap.

Bu kitaplar teker teker işlenecek. Bunlar dışındaki seminer, konuşma ve derslerde de 'The Philo-Semisitism and Anti-Seminitism of Elizabethan Christians', 'Imagining Jews in Shakespeare's England' gibi konular tartışılacak.

'The Philo-Seminitism and Anti-Seminitism of Elizabeth Christians' konulu seminer Elaine Glaser tarafından veriliyor ve tanıtım yazısında aşağıdaki satırlar var:

> 'Why were the attitudes of Catholic, Anglican and Puritan factions towards Jewish ideas (and the idea of Jews) so embivalent during teh Elizabeth period?'

'Imagining Jews in Shakespeare's England' konulu akşam dersi de 'Shakespeare and the Jews' adlı kitabın yazarı olan James Shapiro tarafından verilecek. Bu dersin tanıtım yazısında ise şu ifadeler var:

> 'Were there Jews in Elizabethhan England? He explores how they were imagined by Shakespeare's contemporaries. Did Jews stink? Were Jews black? Were converted ones still somehow Jewish? Were the scattered jewsstill anation? Could one be both English and Jewish?'

İlginç konular, değil mi? Yahudiler dünyanın her yerinde Türkiye'de olduğu kadar tartışılıyor anlaşılan.

> A Christian spaniel claws
> And faunds for gain
> Though the Jew be poor
> He shall have law for money.

Bu mısralar kitapçığın son sayfalarını süslemiş. Evet, gerçekten de Londra'da güzel şeyler oluyor. Buradaki eğitim ve kültür ortamı dünyanın hiçbir yerinde yok sanırım. Günceli yakalamayı çok iyi beceriyorlar. Elbette İngilizce'nin avantajlarından da fazlasıyla yararlanıyorlar.

SALE & PURCHASE

Bu kitapçığı dün akşam ders için gittiğim okulun kütüphanesinden aldım. Kütüphanede biraz çalıştıktan sonra saat 6'daki dersim için beşinci kattaki 501 numaralı sınıfa çıktım. Dersin adı 'Sale and Purchase' yani 'Alım-Satım', tabi gemi alım satımı.. Hocamız Kenneth Long adında, bu konuda tecrübeli bir eğitmendi. Derste ilginç bir konu ile karşılaştım. Gemi hurda fiyatlarını inceliyorduk. Şu anda bir ton hurda çeliğin fiyatı yaklaşık 145$ civarında, yani epey düşük.

İkinci Dünya Savaşında atom bombası atılana kadar üretilen çelikler şu anda üretilen çeliklerden daha kaliteliymiş; çünkü atom bombası yüzünden çeliklerin içine belli bir oranda radyasyon karışmış. Yani 1945 yılında atılan atom bombası dünyanın her tarafında üretilen çeliğin kalitesini düşürmüş. Etki hâlâ devam ediyor. Atom bombası atılmadan önce hurda çeliğin tonu 300$ civarında iken, atıldıktan sonra bu değer 200$ altına düşmüş. İlginç olaylar. Kim bilir o zaman atılan atom bombası bilemediğimiz daha neleri etkiledi?

İNGİLİZ KARAKTERİ

Avrupa'nın değişik şehirlerinde dairelerde (flat) yaşayan İngilizler binadaki bütün dairelerin balkonlarındaki çiçeklerin aynı renk olması gerektiğini düşündükleri için epey soğuk terler akıtmışlar. Burada bir sokaktaki bütün evlerin birbirleri ile uyum içinde olduklarını görürsünüz. Yani kimse yeşil evlerin hâkim olduğu bir sokakta kırmızı ev yapamaz. İngilizler de garip bir uyum kaygısı var. Bu yüzden bir İngiliz, apartmanda yaşadığı zamanda balkonların uyum içinde olması gerektiğini düşünür ve aynı renk çiçeklerin bulunması gerektiği hükmüne varır. Öyle ya düşünün bir kere, koskoca bir binanın bütün balkonlarında değişik renkli çiçekler olsa nasıl durur bu bina? Tabi ki uyumsuz!

DOWN AND OUT IN PARIS AND LONDON

George Orwell 1933 yılında 'Down and Out in Paris and London' adlı bir kitap yazıyor ve bu kitapta iki şehrin evsiz insanlarını karşılaştırıyor. O zamanlar Paris'te evsiz ve parasız bir kimse kaldırım üzerine uzanırmış; ama Londra'da kaldırım üzerine uzanan insanları polis hemen içeriye alırmış. Olay 1990'lı yıllarda tersine dönüyor. Şu anda Paris'te evsiz bir insan eğer içeri girmek istemiyorsa fazla dikkat çekmemek durumunda, burada Londra'da ise artık evsiz insanlar kaldırımları işgal etmiş durumdalar. Garip ama gerçek. Bu terslik neden kaynaklanıyor acaba?

İNGİLİZ TARİHİ

1970 yılında BBC, British Empire yani Britanya İmparatorluğu hakkında bir belgesel yayınlıyor. Belgeselin televizyonda reklamı yapılırken programdan 'İngiltere'nin Tarihi' diye bahsediliyor. Bundan sonra binlerce sinirli izleyici arayarak kanalı protesto ediyor. Bu izleyiciler kim olabilir ve neden sinirleniyorlar?

Britanya'daki İngiliz üstünlüğünün bir işareti de hükümet kuruluşu. Hükümet içinde İskoçya, Galler ve Kuzey İrlanda'dan sorumlu bakanlar varken İngiltere'den sorumlu bakanlar yok. Garip bir durum. Bu durum hem onların farklı kimliklerinin tanındığı hem de ikinci sınıf bir muamele gördükleri izlenimini uyandırabilir.

1500'lü yıllarda Britanya nüfusunun yarıdan azı yani 5,000,000'u İngilizce konuşurken bugün dünyada 600,000,000 insan İngilizceyi düzenli olarak günlük hayatlarında kullanıyor. Bu büyük değişimin sebebi ne olabilir?

İngiltere'nin Avrupa'nın diğer devletlerinden bir farkı var. 300 yıldan daha fazla bir süredir burada tek bir ihtilal ya da iç savaş yaşanmamış. Bunun sebebi her ne ise bu ülkedeki istikrarı da açıklayabilir.

İRLANDA VE İRLANDA CUMHURİYET ORDUSU

Bugünlerde İngilizler hapishanelerinin güvenliğini de tartışır oldu. İçeride insanlar öldürülüyor, Maze hapishanesinden teröristler kaçmayı başarabiliyor. Bu hapishane son derece sıkı korunan bir yer. Kuzey İrlanda'da, Belfast'ın güneyinde bir hapishane. Burada sadece çeşitli terör örgütleri ile bağlantısı olanlar kalıyor. IRA'nın yuvalarından biri. Tabi Kuzey İrlanda'daki Loyalist grupların elemanları da burada barınıyor. Bu hapishane onlar için daha çok eğitim yeri oluyor herhalde. İçeride adeta terör estiriyor bu tutuklular. Tabi bu kadar azılı insanın bir araya konduğu bir yerden başka bir şey de bekleyemezsiniz.

İRLANDA ya da ISLAND OF IRONIES

1171 yılında 2. Henry Dublin civarını ele geçiriyor, İngilizler için de İrlanda sorunu bu tarihten itibaren başlıyor. İrlandalılar özellikle 8. Henry, Elizabeth I, Cromwell ve 3. William'ı çok iyi tanırlar ama biri çıkıp da "Merhumu nasıl bilirdiniz?" diye sorsa hiç birinin "İyi bilirdik." diyeceğini sanmıyorum. Nedenini tahmin etmek pek de zor değil. İngilizler reformlara başladıklarında ve İskoçlarla İngilizler Protestanlığı tercih ettiklerinde İrlandalılar Roman Katolik kalmayı tercih ettiler ki bu da onlar için biraz kanlı sonuçlar doğurdu.

1607 yılında Ulster Lordları İngiliz idaresine başkaldırıyorlar, yenilince de Avrupa'ya kaçmak zorunda kalıyorlar. İngilizler akıllı. Ulster boş kalmasın diye hemen o anda, yandaşları olan bazı İskoçları Ulster'e yerleştiriyorlar. Böylece bir karışıklık durumunda bölgede daha fazla hâkimiyet kurmayı umuyorlar. Fakat olaylar pek de umdukları gibi gelişmiyor. 19. yüzyılın ilk yarısına kadar Presbiteryen İskoçlar ve Katolik İrlandalıların birlikteliği devam ediyor. Londra tarafından idare edilmemek için bağımsız İrlanda için birlikte hareket ediyorlar. Bu tarihlerde İrlanda Anglikan Kilisesinin İngiliz idaresinden kopması ve Roman Katoliklerin haklarını almaları ile bu birliktelik ayrılığa dönüşüyor. Şu anda Kuzey İrlanda'da var olan durum da bu ayrılıktan kaynaklanıyor, yani Katoliklerin ve çoğunluğu Presbiteryan olan Protestanların savaşı.

İngiliz Başbakanlarından William Ewart Gladstone şöyle diyor:

'**Every time we think we have solved The Irish question, The Irish change the question**' yani 'Ne zaman İrlanda sorununu çözdüğümüzü düşünsek İrlandalılar karşımıza başka bir sorunla geldiler.'

1921 yılında, 42 İrlanda şehrinden 36'sına İngilizler bağımsızlık veriyor. Bu 36'lık kısım bugün Serbest İrlanda olarak adlandırılıyor. Diğer 6 şehirlik bölüm ise Kuzey İrlanda yani karmaşanın merkezi. IRA adındaki o zamanlar ufak bir İrlanda örgütü buna karşı çıkıyor ve bütün İrlanda'nın bağımsızlığını savunuyor. Tabi kuzeyde Protestanlar olduğu için kavga başlıyor. IRA özellikle Londra ve Kuzey İrlanda'da bombalama olaylarına karışıyor. 1990'lı yıllara kadar yaklaşık 3000 kişi ölüyor.

1968 yılında kavga kızışıyor, İngiltere müdahale ediyor ve İngiliz askerleri birçok insana rasgele ateş ediyor. Bu da savaşı büyütüyor ve alevlendiriyor. Olayların en ateşli olduğu yer Derry şehri. Protestanlar bu şehre, Londra ile birlikteliğin bir sembolü olarak, Londonderry diyorlar.

İngilizlerle İrlandalıların aralarının iyi olmadığı bir gerçek.

IRISH POTATO FAMINE

İrlanda tarihinde derin izleri olan bir olay da 'patates kıtlığı' olayı. Bu önemli olay 1840'lı yıllarda meydana geliyor. Önemli bir olay bu. 1845 ve 46 yıllarında ürünlerde bir hastalık oluyor ve kıtlık başlıyor. Bir milyon insan ölüyor bu kıtlıkta. Bir buçuk milyon insan da Amerika, Kanada, İngiltere, Avusturya ve İskoçya'ya göç ediyor. Nüfus birkaç yıl içinde 8,5 milyondan 6 milyona düşüyor.

Bu tarihten sonra özellikle Amerika'da ciddi sayıda İrlandalı yaşamaya başlıyor. Bu rakam bugün milyonlarla ölçülüyor ve IRA'nın yardım kaynaklarından. Üstelik Amerikan Hükümetlerinin IRA sempatisinin bir sebebi de Amerika'ya yerleşmiş İrlanda nüfusu.

COMMONWEALTH

Commonwealth ifadesi ile epey karşılaşırsınız burada. Commonwealth, İngiliz İmparatorluğundan kopan ülkelerin daha sonra bir araya gelerek oluşturdukları bağımsız devletlerden oluşan bir devletler topluluğudur. İngiltere, bu yolla eski tebasından kopmamanın bir yolunu bulmuştur. Bu birliği İngilizler, 1931 yılında British Commonwealth of Nations adı ile kuruyor; fakat daha sonra British ifadesi kaldırılıyor.

Ülke	Topluluğa Katılma Yılı
Antigua and Barbuda*	1981
Australia*	1931
Bahamas *	1973
Bangladesh*	1972
Barbados*	1966
Belize*	1981
Bostwana	1966
Brunei	1984
Canada*	1931
Cyprus	1961
Dominica	1978
Gambia	1965
Ghana	1957
Grenada*	1974
Guyana	1966
India	1947
Jamaica*	1962
Kenya	1963
Kiribati	1979
Lesotho	1966
Malawi	1964
Malaysia	1957
Maldives	1982
Malta	1964
Mauritius*	1968
Nauru	1968
New Zealand*	1931
Nigeria	1960

Pakistan	1947
	1962'de ayrıldı, 1989'da tekrar katıldı
Papua New Guinea*	1975
St Kitts and Nevis*	1983
St Lucia*	1979
St Vincent and The Grenadines*	1979
Seychelles	1976
Sierra Leone	1961
Singapore	1965
Soloman Islands*	1978
Sri Lanka	1948
Swaziland	1968
Tanzania	1961
Tonga	1970
Trinidad and Tobago	1962
Tuvalu*	1978
Uganda	1962
United Kingdom	1931
Vanuatu	1980
Western Samoa	1970
Zambia	1964
Zimbabwe	1980

*Bu üye devletler Kraliçeyi devlet başkanları olarak kabul ediyorlar. İrlanda 1948 yılında, Güney Afrika ise 1961 yılında topluluktan ayrıldı.

TITANIC

19 Mart Pazar günü Leicester Square'deki kalabalık dikkatimi çekti. Yaklaştım meğer Leonarda Di Caprio yeni filmi olan 'The Man In The Iron Mask' filminin galası için Odeon sinemasına gelmiş. Yaklaşık 2000 kadar hayran kitlesi bağırıyor, çığlık atıyor. Gazeteciler flaş patlatıyor. Kameramanlar görüntü peşinde.

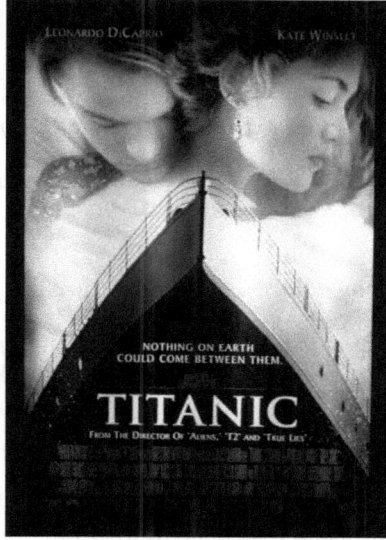

COURT CIRCULAR

Saygın gazetelerde her gün gözüme çarpan bir köşe var: Court Circular köşesi. Bu köşede kraliyet ailesi üyelerinin aktivitelerini ve o gün yaptıkları işleri anlatan bir rapor yayınlanıyor. 12 Mart 1998 tarihli The Daily Telegraph gazetesine belki göz atmak istersiniz:

Court Circular

Buckingham Palace, March 11

His Excellency Mr. Marjan Setinc was received in audience by The Queen and presented The Letters of Recall of his predecessor and his own Letters of Credence as Ambassador from the Republic of Slovenia to the Court of St. James's.

Mr. Setinc was also received by her Majesty.
Mr. Pobertson Young (Deputy Under-Secretary and Chief Clerk, Foreign and Commonwealth Office) was present.

Mr. Justice Charles was received by The Queen upon his appointment as a Justice of the High Court when Her Majesty conferred upon him the honour of the Knighthood and invested him with the insignia of Knight Bachelor.

Mr. Nigel Thorpe was received in audience by The Queen and kissed hands upon his appointments as Her Majesty's Ambassador to the Republic of Hungary.

Mrs. Thorpe was also received by The Queen.
The following were received in audience by Her Majesty upon their appointment as British High Commissioners: Mr. Timothy David (Belize), Mr. Bruce Dinwiddy (The United Republic of Tanzania) and Mr. Peter Longworth (The Republic of Zimbabwe).

Mrs. David, Mrs. Dinwiddy and Mrs. Longworth were also received by The Queen.

Mr. Ivan Callan (British High Commissioners to Brunei Darulsalam) and Mrs Callan were received by Her Majesty.

The Queen, Patron, accompanied by The Duke of Edinborough, this afternoon attended a Service in St. Martin-in-the Fields Church, London WC2, to mark the tercentenary of the society for Promoting Christian Knowledge and was received at the steps to the Church by the Lord Mayor of Westminster (Councilor Ronald Raymond-Cox) and the main entrance by the Archbishop of Canterbury, the Vicar (the Reverend Nicholas Holtam) and the Chairman (General Sir Hugh Beach).

His Royal Highness, Honorary Fellow, this afternoon attended a lunch at The Institute of Marine Engineers, The Memorial Building, Mark Lane, London EC3

The Lord Haskel (Lord in Waiting) was present at Heathrow Airport, London, this afternoon upon the Arrival of the President of Romania and The

President of the Republic of Cyprus and Mrs. Clerides and welcomed their Excellencies and Mrs. Clerides on behalf of the Queen.

Mr. Samuel Whitebread (Her Majesty's Lord Lieutenant of Bedfordshire) was present at Luton for this evening upon the arrival of the president of the Republic of Finland and welcomed His Excellency on behalf of the Queen.

GREENWICH

Bugün trene (DLR- Docklands Light Railway) atlayıp Island Gardens'a gittim. Oradan Thames Nehrinin altından geçen tünele doğru yürüdüm. Bu tünel Island Gardens ile Greenwich arasında ve yaklaşık 500 metre uzunluğunda. Bu tünelde yürürken bir nehrin altından geçtiğinizi düşündükçe 'Vay be!' diyorsunuz. Daha sonra tünel bitiyor ve asansöre atlayıp (siz merdivenleri de tercih edebilirsiniz) yeryüzüne çıkıyorum.

Burası Greenwich. İsmini çok duyduğum; ama bir türlü gelemediğim yerlerden biri. Greenwich hakkındaki tek bilgim -buraya gelmeden önce- 0 meridyeninin buradan geçtiğiydi. Neden buradan geçiyor ya da nasıl oluyor buradan geçiyor da Üsküdar'dan geçmiyor diye düşündüm.

Benim buraya geliş amacım The National Maritime Museum'u ziyaret etmek ve gezmekti. İngiltere'nin tüm denizcilik tarihinin sergilendiği bu müzeyi gezmeye bir türlü fırsat bulamamıştım.

Tünelden çıkar çıkmaz karşıma Cutty Sark adında direkli bir eski zaman yelkenli gemisi çıktı. Aslında geminin burada olduğunu biliyordum; ama bu kadar çabuk karşımda göreceğimi beklemiyordum. Bu gemi ile ilgili birkaç yazı okuduğumu hatırlıyorum; ancak gemiyi görene kadar gezmeyi düşünmemiştim. Görünce fikrimi değiştirip içine girmeye karar verdim.

CUTTY SARK
Cutty Sark, 'Short Shirt' anlamına geliyormuş.

Gemiye, Robert Burns'un 'Tam O'Shanter' adlı bir şiirinde 'short shirt' ('Cutty Sark' bu kelimenin İskoçcası) giyen bir büyücüden esinlenerek bu isim verilmiş. Gemi 1869 yılında inşa edilmiş. Cutty Sark adlı gemi İngiltere'nin ismi en çok duyulan üç beş gemisinden biri. Diğerleri Titanic, Queen Elizabeth, Queen Mary ve HMS Belfast gibi gemiler.

Neyse, bu gemi 1800'lü yılların son çeyreğinde Uzak doğudan İngiltere'ye çay, ipek, baharat, porselen vs. taşımada kullanılmış yıllarca. Genelde çay taşıdığı ve çay İngilizlerin alışkanlıklarını değiştirdiği için bu geminin adı çıkmış. Geminin içinde çay, çay üretimi ve ticareti konuları resimlerle desteklenen panolarda anlatılmış. Kısaca çayın macerası anlatılmış. Müze haline getirilmeden önce güzel bir biçimde bakımı yapılmış.

EAST INDIA COMPANY

Panolardan birinde isminden bahsedilen East India Company, tarihte üzerinde en fazla tartışılan şirketlerden biri. Bakın panoda şirketin kuruluşu ile ilgili neler yazıyor.

"East India Company was established in 1600 by Royal Charter with the virtual monopoly of all trade entering England from the Far East."

East India Company, Uzak Doğu ticaretini tekelde toplamak için 1600 yılında Kraliyet izni ile kurulmuş. Ve şirkete özel haklar tanınmış. Vergide indirime tabi tutulmuş.

Bu şirket ticaret için girdiği Hindistan'ı anlaşmalar, rüşvet, askeri ittifak ve bunlar gibi birçok yolu kullanarak yaklaşık iki yüzyıl boyunca resmen olmasa da fiilen idare etmiştir. Dünyanın bir başka köşesinden yönetilen bir şirketin, kâr için gittiği bir ülkede yönetimi fiilen ele geçirmesi dünya tarihinde görülmemiş bir olay. Koca Hindistan 1858 yılındaki ayaklanmaya kadar adeta bu şirkete bağımlı olarak kalmıştır.

INDIAN MUTINY

1858 Indian Mutiny adı verilen bu ayaklanma da oldukça ilginç. O yıllarda Hindistan Ordusu bile bu şirket tarafından idare ediliyormuş. 1857 yılında tüfeklere takılmak üzere bir malzeme getiriliyor ve bu malzeme yağlı bir kâğıdın içinde bulunuyor. Askerlerin bu malzemeyi kullanabilmeleri ve tüfeklerine takabilmeleri için bu yağlı kağıdı yırtmaları gerekiyor. Fakat askerlerin içine bir şüphe düşüyor. Hindu askerler bu yağın inek yağı olduğuna ikna oluyor ve inek Hindularca kutsal bir hayvan olduğu için isyan ediyor. Öte yandan Müslümanlar da bu yağın domuz yağı olduğunu düşündükleri için kendi inançlarına saygı duyulmadığı hissine kapılıyor ve onlar da İngiliz hâkimiyetine isyan ediyor. Askerler İngiliz komutanlarını öldürüyor. Böylece şirketin yaptığı bu ölümcül yanlış, şirket idaresinin sonu oluyor, fakat bu sefer de İngiliz Hükümeti Hindistan'ın direkt kontrolünü ele alıyor. Böylece Hindistan, 'Jewel in the Crown' haline gelmiş ve o tarihten sonra zenginliği ile İngilizlerin rüyalarının tacı olmuş.

Gemiye geri dönelim. Cutty Sark'ın bir başka bölümünde 'head figure' denilen ve eski yelkenli gemilerin burun kısmına takılan heykeller ya da figürler bulunuyor. Rengârenk bir yer. Burada dikkatimi çeken figürlerden biri, Malta'da bulunmuş olan ve Ömer Paşa adında bir Osmanlı Paşasına ait kafa figürüydü. Kimdi acaba Ömer Paşa? Neler yapmıştı? Nereleri almıştı? Bilmek isterdim. Londra'da gezdiğim yerlerde bize ait izler görmek insanı heyecanlandırıyor.

NATIONAL MARITIME MUSEUM

Bu gemi Londra'da gezdiğim ikinci gemi (HMS Belfast'tan sonra) olduğu için sanırım bu kadar üzerinde durmak yeter. Gemiden çıktım ve The National Maritime Museum'a doğru yürümeye başladım. Yolda bir evin kapısının üzerinde bir yazı gördüm ve hemen not aldım.

"Never mind the DOG   **"Dikkat KADIN var**
Beware of the WIFE!"   **KÖPEK sorun çıkarmaz!"**

Biraz ileride denizcilikle ilgili eşyalar, aletler ve kitaplar satan iki dükkân gördüm. Çok ilgimi çekti. Londra'da denizcilik üzerine en fazla bilgi ve malzeme bulunabilecek en önemli yerlerden biri belki de Greenwich.

Greenwich çok güzel bir yer. Nedense Londra içinde olduğum halde burada iken sanki kendimi Londra dışında hissettim. Kendine özgü bir havası var Greenwich'in. Çarşısı çok şirindi. Biraz ileride bulunan Greenwich Park ise insanı kendine çekiyordu. Bu büyülü güzelliğe hayran kalmıştım. Parkın ortasındaki tepeden güneydoğu Londra'nın hoş bir manzarası seyredilebiliyormuş. Ben tepeye çıkmadım. 0 meridyeni bu parkın içinden geçiyormuş.

THE NATIONAL MARITIME MUSEUM
Denizcilik Müzesi çok uzakta değildi. Birkaç yüz metre yani 5-10 dakikalık bir yürüyüş. Müzeye girdim ve biletimi aldım. Bilet 5 pound'tu fakat aynı bilet ile Old Royal Observatory'e ve de Queen's House'a da girilebiliyordu. Üstelik bütün bu yerleri bir gün içinde gezmek imkânsız olduğu için bilet bir yıl süre ile tekrar bu yerlere girmek için kullanılabiliyor.

Old Royal Observatory, 0 meridyenin geçtiği yeri gösteren müze. Greenwich Parkının tam ortasında. Buraya girmedim ama burada astronomi ve gemicilik ile ilgili eserler bulunduğunu duymuştum. 0 meridyeninin geçtiği yer bir çizgi ile işaretlenmiş.

En sonunda Denizcilik Müzesine yani The National Maritime Museum'a girdim. Girişteki hediyelik eşya satan yere göz attıktan sonra başladım gezmeye.

Bu müze, alanında dünyanın en iyi müzesi. Şu anda müzeye yeni ek binalar yapılıyor. Sanırım daha da güzelleşecek. Müzenin koleksiyonu çok geniş. Burada 2500 adet gemi modeli, 4000 tablo, 50.000 harita, 750.000 gemi planı, yüzlerce gemi aleti, kronometreler, küreler ve daha birçok eşya var.

İngiltere'de müzecilik çok gelişmiş. Belki de bu yüzden buradaki birçok müzeyi gezdim. En ilginç yerleri bir önceki gelişimde gezdiğim için bu gelişimde daha az müzeye gitmiştim. O gelişimde British Museum, Tower Bridge, London Zoo, National Portrait Gallery gibi yerleri ve şu an aklıma gelmeyen birçok yeri gezmiştim.

Müzeler ziyaretçi çekebilmek ve daha akılda kalıcı olabilmek için modern teknolojiden çok yararlanıyorlar. Müzeye gelen insan, o alanla ilgili her şeyi görüyor, okuyor. Yeri gelince de bilgisayar ve değişik cihazlar kullanarak interaktif eğitim metotları ile adeta her şey insanın kafasına yazılıyor. Mesela bu müzede dalgıçların deniz altındaki çalışmalarının zorluğunu göstermek için onların yaptığına benzer işleri, siz su altında yapmaya çalışıyorsunuz. Bir geminin limandan ayrılırken yaşadığı zorlukları simülasyon sayesinde siz de yaşıyorsunuz. Dover ve Calais arasındaki English Channel'dan geçen gemilerin rotalarını radardan takip edebiliyorsunuz ya da bir geminin kumanda koltuğunda oturarak radardan düşman gemilerini görüyor ve imha edebiliyorsunuz. Bütün simülasyonlar aslı gibi. Yani burada kullandığınız, oyun oynar gibi kullandığınız bu aletlerin hepsinin aslı, gerçek savaş gemilerinde var. Kısaca buradakilerin hepsi aynısının tıpkısı.

Bu müzede İngiltere ve denizcilik tarihi anlatılıyor. Savaş gemileri, ticari gemiler, denizaltılar ve botlar gibi deniz araçlarını en iyi biçimde tanıyorsunuz.

Müzenin diğer bir bölümü de Amiral Nelson'a ayrılmış. Amiral Nelson İngiltere'nin Barbaros Hayrettin Paşası. Trafalgar Meydanında heykeli olan kişi. İngilizlerin en nefret ettikleri kişiler Fransızlar olduğuna göre onları Trafalgar Savaşında 1805 yılında yenen kişi de en gözde kahramanları olacak doğal olarak.

GÜNCEL

Günlük konuşmada 'That's weird' ya da 'I mean it' gibi ifadelerle sık karşılaşırsınız. 'Expensive' kelimesi yerine 'dear' kelimesini kullanırlar bazen.

'That's disgusting' ya da 'he is gorgeous' gibi ifadeler de sürekli kulağınıza misafir olurlar.

Bir akşam televizyon seyrederken bir söz duydum ve not aldım. 'Bir anneyi eğitirsen bir toplumu, bir erkeği eğitirsen bir bireyi eğitirsin.'

Bir başka gün bir gazetede 'Vanity Publishing' yapanların yeni yazarları dolandırdıklarını okudum. Yazar ya da şair olmaya hevesli bir genç genelde basılmaya değmeyecek bir şey yazıyor ve bir yerde bunu bastırarak bunu piyasaya sunmak istiyor. Bu arada karşısında bu işi yapan firmaları buluyor. Onlar kitabın basımı için üç beş bin pound istiyor. Tabi yazar da şair olmaya can atan kişi bu parayı gözden çıkarıyor; ama kitabı kolay kolay basılmıyor, birçoğu da böylece dolandırılıyor. 'Kitabınızı basalım' ilanlarına çok rastlarsınız gazetelerde.

Bir başka gazetede ilginç bir yazı okudum. İngiltere'deki bütün TV programlarına sansür oranları uygulanacakmış. Böylece bu oranlara göre aile, çocuğunun izlemesini istemediği filmleri ya da programları 'V-Chip' yani 'violence chip' adı verilen bir aletle sansürleyecek. Fikir güzel. Bir programı devlet sansürlediği zaman bakalım sorumluluğu kim yüklenebilecek merak ediyorum.

Başka bir yazıda 'Only the family can save the welfare state' ifadesini gördüm. Gazeteye göre eskiden tehlikeli ya da öldürülmesi gereken beş canavar 'want, disease, squalor, ignorance' ve 'idleness' imiş fakat bu maddelere 'fraud, irresponsibility, neglect, demoralisation' ve 'dependancy' de eklenmiş. Kısaca gidişat kötüymüş. Kendilerini sorguluyorlar. Özellikle de geçen gün 11 ve 13 yaşlarındaki iki çocuk 5 kişiyi öldürdükten sonra. Olay Amerika'da oldu; ama burada da benzeri olaylar yaşanıyor. Bu tip olaylar Türkiye'de pek yok. Geneli uyuşturucu bağımlılığı ve alkolden kaynaklanıyor. Yukarıdaki olaya karışan 13 yaşındaki çocuk da uyuşturucu kullanıyormuş. Burada birinin uyuşturucu aldığını belirtmek için İngilizler 'he is on drugs' ifadesini kullanıyorlar.

İngiltere'de insan hakları konusunu araştırıyorum. Öyle ya her ülkeye insan hakları dayatması yapabilen İngiltere ve Batı acaba bu konuda nasıl? Hapishanelerinin bizimkilerden berbat olduğunu biliyorum.

Bu akşam televizyon seyrederken yeni bir şey daha öğrendim. 'Cryogenics' yani fiziğin çok düşük sıcaklıklarla ilgilenen bir dalı. Bunun İngilizlerle ilgisi şu: Burada bazı insanlar bir yakınları öldüğü zaman ölüleri dondurarak saklayan bazı şirketleri arıyorlar. Bu şirketler de bir çeşit derin dondurucu sayesinde ölüyü donduruyorlar ve yıllarca bozulmadan kalmasını sağlıyorlar. Bazı İngilizler bu şekilde ölünün belki yüzlerce yıl sonra tekrar dirileceğine inanıyormuş. Tabi bu arada bu işle uğraşan şirketlerin de iyi para kazandığını söylemeye gerek yok.

Burada arabalardaki plaka numarasına 'registration number' deniyor. Plakanın kendisine ise 'number plate' deniyor. Ağustos 83'ten itibaren arabalara bir harfle başlayan plakalar verilmeye başlanmış ve 83'te arabalara 'A' harfi verilmiş. Her yıl bir sonraki harfe yükseliyor plakalar; ama bazen firmalar mesela 97 yılında 98 yılının modelini piyasaya sürdüklerinde bir yıl içinde iki harf birden olabiliyor. Mesela aynı yıl içinde üretilen arabalardan bazılarında O, bazıların da ise P ile başlayan, plak numaraları görebiliyorsunuz.

TÜRKLER
Cuma günü, bir kitap aramak için Türklerin yoğun olarak yaşadığı Wood Green, Turnpike Lane, Newington Green

taraflarındaydım. Epeyce dolaştım. Türklerin hâlâ bu ülkede bocalamakta olduğunu gördüm. Boş yere vakit geçirmek için açılmış onlarca lokal, kıraathane, kahvehane gibi yerlerin yanından tekrar geçtim. Bu gibi yerlerin bir kısmı eminim buradaki insanlarımızın bir araya gelip kaynaşmasına olanak sağlıyordur; ama Londra'nın hiçbir yerinde olmayan bu gibi yerlerin, Türklerin yaşadığı yerlerde onlarcasına rastladığınızda bu optimizminiz yok oluyor ve birdenbire karamsarlaşıyorsunuz. Otobüste okula giden Türk çocuklarını görüyorsunuz. Ellerinde sigara, ağızlarında küfürün her çeşidi, kabalığın, terbiyesizliğin fazlası. Bu değil diyorsunuz Türk olmak. Türk olmak efendi olmak, Türk olmak nazik olmak, Türk olmak saygılı olmak, Türk olmak çalışkan olmak, Türk olmak örnek olmak...

Düşünüyorsunuz "Acaba bu çocuklar bu kadar kötü şeyi nereden öğrendi?" diye. Öyle ya Londra'nın hiçbir yerinde karşılaşmadığınız şeylerle karşılaşabiliyorsunuz burada. Hiçbir İngiliz'in yapmadığını yapanlara tanık oluyorsunuz. Hemen vakitlerinin çoğunu boş yerlerde öldürerek geçiren babaları geliyor aklınıza. Çocuklara hak veriyorsunuz. Böyle babaya böyle evlat diyorsunuz; ama bu çocuklara gelecekleri için acımadan da edemiyorsunuz. Çünkü bunlar da aynen babaları gibi büyüdüklerinde kahvehane tipi yerlerden çıkmayacaklar. Bu yüzden bazen bir diktatör olsam da bu tip yerleri kökünden kazısam diyorum. Yöntemin bu olmadığını, eğitim olduğunu çok iyi biliyorum ama...

Türklerin yoğun olarak yaşadıkları bu yerlerde pek fazla kitapçı, pek fazla da kitap okuyan bulunmadığını biliyorum ama aradığım kitap Londra'daki Türkiye vatandaşlarının ne yaptıkları, nerelerde oturdukları, ne işler yaptıkları gibi komplike konularla ilgili. İstiyorum ki Londra'da bizimle ilgili ne varsa böyle bir kitap sayesinde ulaşayım. Böyle bir kitap bulmak emin olun hiç de kolay olmayacak sanırım kitabın az okunduğu böyle bir bölgede.

Anlamak zor doğrusu her İngiliz'in evinde 'kullandığı' bir kütüphanesi var. Sürekli kitap okuyorlar. Vakitlerini iyi planlıyorlar. Çalışma saatleri düzenli. Bir İngiliz'in ne zaman eğlenmeye gittiğini biliyorsunuz. Ama bir Türk hakkında tahmin yapmak çok zor. Kitap okumaz, nasıl, nerede çalışır belli değildir, çalışma saatleri düzensizdir, kahveye uğramazsa bir yerlerine bir şeyler batar, yani kısaca ne zaman, nerede, ne yaptığı belirsizdir. Nasıl olur da İngilizlerden düzenlilik adına, kitap okuma adına bir şeyler kapamazlar anlamam.

Tahmin ettiğiniz gibi böyle bir kitap bulamadım. Gezimin sonunda epeyce yorulmuştum. İşin kötü tarafı böyle bir kitabı nerede bulabileceğimi de bilmiyordum. Newington Green'e gelmiştim ve yol üzerindeki Sultanahmet Restoran'a girip bir şeyler yedim. İçim bir hoş oldu. Türklere ait temiz bir restorana girmek beni sevindirmişti. Derin bir 'oh' çektim çünkü en azından derli toplu, adamakıllı bir iki yerimiz var burada dedim.

Bir gün sonra yani Cumartesi günü Jan, Suffolk'a gideceklerini, benim de gelip gelmeyeceğimi sordu. Ben de bugün için kafamda bir şey olmadığını, geleceğimi söyledim.

SUFFOLK VE KÖYLER

James ve Jashua'yı almaya gidecektik.. yani ailenin torunlarını. Neyse atladık arabaya üçümüz; Jan, Anna ve ben Suffolk'a doğru yola çıktık. Yolda güzel İngiliz köyleri ile karşılaştık. Aslında köyden çok tatil köyüne benzeyen yerlerdi buralar. Belki de bu yüzden Osmanlı İmparatorluğunun son yıllarında bir

Osmanlı Paşası sanırım Avusturya ya da Almanya'da bir köy görüyor ve hayran kalarak şunları söylüyor: 'Bana böyle bir köy verin, koca imparatorluğu alın.' Bu mealde bir ifade kullanıyor Paşa. Sanırım durum açık. Köyleri o kadar güzel, o kadar yeşil ki gerçekten: Tertemiz, yemyeşil, her şey birbiri ile bir o kadar uyumlu, bakımlı; insanlar düzgün giyimli, çalışkan ve daha birçok güzel özellik.

Bu tasvirlere uygun birçok köyden geçtik. Dümdüz bir toprak İngiltere. Giderken ne dağ görüyorsunuz ne tepe. Verimli, ekili tarlalar sadece. Bir metrekare bile boş değil. Her santimetrekare işlenmiş. Pheasant adını verdikleri bir kuş türü ile yolda defalarca karşılaştık. Yolda gelirken bir tek kusurla karşılaştım: yolların çok dar olması. Şeritler biraz dardı ve karşıdan bir traktör geldiğinde sizi yolun kenarına itiyordu. Country yollarının böyle olduğunu söyledi Jan. En sonunda Suffolk'a vardık. Jan ve Ted'in kızı Sarah'ın evine varmıştık. Sarah ve kocası ile ilk defa karşılaşıyordum. Merhabalaştık. Çocukları gördüm: James ve Jashua'yı. Çocuklar gerçekten de evin rengi. James, Anna ile bana tavukları gösterdi, tabi yumurtalarını da. Biraz oturduk, bir çay içtik ve yola koyulduk. Sarah ve kocası hafta sonu bir yerlere tatile gittikleri için çocukları Jan'a bırakıyorlardı.

CLARE
Evden ayrıldık. Buckhurst Hill'e doğru yola koyulduk. Yol üzerinde Suffolk'a bağlı Clare denen bir yere uğradık. Buradaki parkı gezdik. Yüksekçe bir yerde bulunan manastır kalıntılarının yanına çıktık. Çevre yemyeşil ve tertemizdi. Gürültü ve pislik yoktu. Yarım saat kadar burada kaldıktan sonra biraz ilerideki antikacı dükkânına girdik. Clare antikacıları ile ünlü bir yermiş. Antikacı dört beş katlı bir yerdi ve o kadar çok antika eşya vardı ki şaşırdım. Hepsi birbirinden güzel birçok şey gördüm. Fiyatları da makuldü. Hediye alayım dedim birkaç tane. Bir türlü hangisini alacağıma karar veremedim. Eski kitaplar vardı. 1900'lü yıllardan ya da daha eskilerden. İki kitap dikkatimi çekti. Birincisi 'Woodstock' adındaki ve fevkalade bir cildi olan bir

kitap. Bu kitabı cildi hoşuma gittiği için aldım. Diğer kitap ise daha ilginçti. Kitabın adı 'Fifty Enthralling Stories of the Mysterious East' idi. Hemen aldım kitabı. İngiltere gerçekten de eskinin ve antikanın gerçek değerini bulduğu ve korunduğu bir yer. Antika meraklıları Clare'e mutlaka uğrasınlar.

Clare'de bir iki yer daha gezdikten sonra bir sandviç dükkanına uğradık ve bir şeyler yedik. Ben 'garlic bread' yedim ve yanında bir de kola aldım. Doymayınca aynısından bir tane daha istedim.

Sakin bir yolculuktan sonra Loughton'daki Safeway'e uğradık ve biraz alışverişten sonra eve döndük. Evde fazla durmadım hemen Eastenders Kebab'a doğru yola çıktım. Oraya vardığımda Salih, Casim ve Mehmet abi çalışıyorlardı. İşleri genelde yoğundu. Fırsat buldukça muhabbet ediyorduk. Oraya gidince genelde hemen çay demlerdim. Ara sıra şakalaşırdık. Bana, "Geri döndüğünde gemici olamazsan dönerci olursun artık işleri de öğrendin." türünden takılıyorlardı. İlk geldiğimde bilmediğim bazı şeyleri öğrendim, insanların aksanlarına alıştım, daha önce telefonla sipariş almıyordum, sonraları almaya başladım. Biraz daha uğraşsaydım herhalde dönerci ustası da olurdum.

Gece orada kaldım. Geç saatlere kadar Casim'le konuştuk. O gece saatler bir saat ileri alındığı için sabah kalktığımızda Casim hâlâ daha uykusunu alamamıştı. Ben de saat 13:30'da Amy'nin evine yemeğe davetli olduğum için erken kalktım ve bir banyo yapıp düştüm yola. Amy bu yazıları yazdığım şirkette sekreter olarak çalışan kadındı ve evine ilk defa gidiyordum.

Evi Bromley Common'daydı. Londra'nın kuzeyinde kaldığım için güneye inmeye fazla fırsat bulamıyordum. Güney biraz daha sakindi. Özellikle Bromley tarafları çok düzenli ve yeşildi. Caddelerde kuş uçmuyordu. Bromley kesinlikle güzel bir yer. Yaşanacak bir yer. Kolayca buldum evi.

Eve girdim. Amy'nin kocası Ken, kızı Joanne, kızkardeşi Isabel, onun kızı Charlotte ve Amy'nin torunu Tarık (İngilizcesi daha değişik yazılıyor; ama çocuğa ben hep Tarık dedim) ile tanıştım. Her anneanne torununa ne kadar sıcak davranıyorsa Amy de o kadar sıcaktı torununa karşı.

Oturduk yemeğimizi yedik. Ben, çok fazla yemek yemediğimi söyledim. Onlar da "masadakiler bitecek" dedi. Neyse; hindi, tavuk, pilav ve çeşit çeşit yemekler yedikten sonra meyve geldi ve onların da tadına baktım. Teşekkür ettim yemek için ve masadan kalktım. Oturma odasında oturup biraz konuştuk, televizyondaki Chelsea - Middlesborough maçını izledik.

Saat 6 civarında ayaklandım. Ken, beni Bromley South istasyonuna bıraktı. Oradan trene binerek Victoria'ya gittim. Yolda bir önceki gelişimde gezdiğim Beckenham'ı görme fırsatı yakalamıştım. Hâlâ eskisi kadar şirin bir yerdi Beckenham.

Yurtdışındaki bir insanla dostluk geliştirmenin değişik yolları var ve bunlardan biri de mektup arkadaşlığı sanırım. Elimde mektup arkadaşlığı sağlayan iki ajansın adresi var.

Pen Friend League International
143 Oscott School Lane, Great Barr,
Birmingham B44 9EL, England

Friends by Post, 43 Chatsworth Road,
High Lane, Stockport, Cheshire SK6 8DA
England

Royal Mail International Pen Pal Club
Hola! Dept BISI PO Box 325 Yateley Camberley
Surrey GU17 7FW England

International Pen Friends
PO Box 42 Berwick-upon-Tweed

Northumberland TO15 1RU, England

Bu gibi yerlere mektup yazın ve size broşürlerini göndermelerini isteyin. Broşürler elinize geçince istediğiniz özelliklerdeki arkadaşları işaretleyin. Ücreti ile birlikte ya da PTT şubelerinde satılan ve adına International Reply Coupons (Uluslararası Cevap Kuponu) denen pullardan göndererek de ödemeyi yapabilirsiniz.

Daha önce bu yöntemle arkadaş edinme yoluna başvurduğum ve birçok arkadaşım olduğu için size de bu yöntemi tavsiye edebilirim. Arkadaşlığınız ilerledikçe mektup arkadaşınızı Türkiye'ye çağırabilir ya da onun ülkesine siz gidebilirsiniz. Değişik bir tecrübe olacağı kesin.

COMMUNITY SERVICE
Burada ara sıra duyduğum ve bana ilginç gelen olaylardan biri de Community Service. Bu olayı genelde mahkeme kararları ile birlikte duyuyorum. Bir insan bir suç işliyor fakat suçunu topluma hizmet ederek tamamlıyor. Hapishaneye gitmek ya da daha değişik cezalar yerine ya yaşlılar için yapılan binaların inşasında veya tamirinde çalışıyor. Bir hakim bir insana toplum hizmeti verdiğinde buna 'community service order' deniyor.

ARABA
Geçen hafta Rover ve Jaguar'dan sonra İngilizler için değeri çok büyük olan ve buradaki gazetelere göre dünyanın en iyi arabası olan Rolls Royce da Alman BMW firmasına satıldı. Böylece eskiden 20'den fazla araba markası ile pazarın öncülerinden İngiltere'nin artık bir elin parmakları kadar bile markası kalmadı. Olanlar da nesli tükenmek üzere olan birkaç çeşit araba.

Marka	Fabrika	Yeni Sahibi
Land Rover	Solihull	BMW (Germany)
Rover	Birmingham	BMW (Germany)
Lotus	Norfolk	Proton (Malaysia)
Jaguar	Coventry	Ford (USA)

Rolls Royce	Crewe	BMW (Germany)
Aston Martin	Newport Pagnell	Ford (USA)
Rover	Oxford	BMW (Germany)

Bir de bu ülkede yabancı ülkelerin üretmekte olduğu arabalar var:

Marka	Fabrika	Sahibi
Vauxhall	Ellesmere Port	GM/USA
Vauxhall	Luton	GM/USA
Ford	Bridgend	Ford/USA
Honda	Swindon	Honda/Japan
Ford	Southampton	Ford / USA
Ford	Dagenham	Ford/ USA
Ford	Brentwood Essex	Ford / USA
Toyota	Burnaston, Derbys	Toyota/Japan
Nisan	Sunderland	Nisan/Japan

Yukarıdaki veriler hem İngiltere'nin durumunu gözler önüne seriyor, hem de Amerika, Japonya ve Almanya'nın adeta bu piyasayı kapmak için yaptıkları yarışı.

VAUXHALL

BETTING – GAMBLING

Salı akşamı televizyonda 'betting ve gambling' hakkında bir program izledim. Adamın teki 'Gambling become a way of English life!' dediğinde abartıyor sandım ama gerçekten de öyle idi. Casim'le bir gün konuşurken bana burada yağmurun akşam saat 5'e kadar yağıp yağmayacağı da dahil her konuda bahisler bulunduğunu söyledi. Bu durumu bilmiyor değildim ama bu kadarı da hastalık diye düşündüm. Bu ülkede yılda 36 milyar poundluk kumar oynanıyormuş. Bu rakam bu satırların arasında çok ufak duruyor ama emin olun bir devlet kurmaya bile yeter.

İngilizlerin Milli Piyangosu, National Lottery başladığı yıl British Airways'in Las Vegas uçak biletleri satışlarında %40'lık bir artış olmuş. Bugünlerde İngilizlerin korktuğu şey kumarın ve bahislerin internet üzerinden de oynanabilmesi ve bunun korkunç sonuçları. İnternete her yaştan insan ulaşabiliyor ve bu çocukların bile, babalarının kredi kartını kullanarak kumar oynayabileceği anlamına geliyor. Tabi kumarkolikler için de büyük bir tehlike internet. Işık hızı ile para kaybetmek gibi.

Geldiğimden beri 'sort out' kelimesini kullanan çok İngilizle karşılaştım; ama her nedense bize öğretilen İngilizce de bu tip günlük kelimeler hiç yer almaz.

Buradaki Pub isimleri herhalde buraya gelen herkesin dikkatini çekmiştir. Çok orijinal adları var pubların. Bir kısmının ismini yazıyorum:

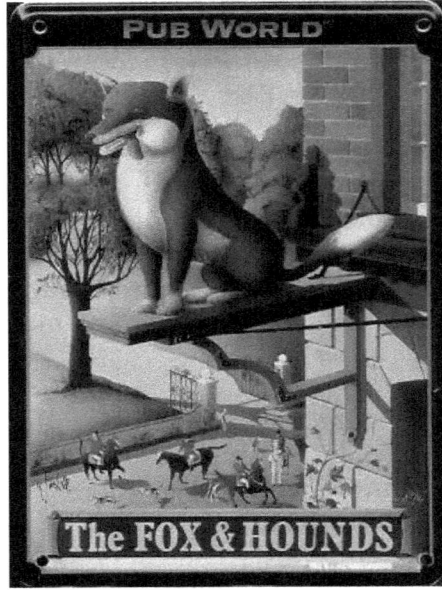

The FOX & HOUNDS

African Queen
Albert Arms
The Angel
The Archers
The Arbitrager
Artillery Arms
The Bell
The Bishop Finger
The Black Horse
Blacksmiths Arms
The Banker
The Barley Mow
The British Lion
Britannia
Builders Arms
The Blue Angel
The Blue Eyed Maid
Bull's Head
The Bunch of Grapes
The Castle

Cat and Canary
Chimes
City Pride
The Cock Tavern
The Cockpit
The Crispin
The Crown Tavern
Eagle Wallace
Empress of Russia
Fish and Ring
The Florance Nightingale
The Flying Horse
Foresters Arms
Founders Arms
The Fountain
Fox and Anchor
The Fox
Frog and Nightgown
The globe
The Gun

The Gunmakers Arms	Nags Head
Guys Arms	The Peacock
Hole in the Wall	Phoenix
Horse and Groom	Pheasant and Fikrin
The Horseshoe Inn	Prince of Wales
Kings Head	Red Lion
The Lion	The Rising Sun
The Leopard	The Rose
The Lord Nelson	Seven Stars
The Little Star	Shakespeare's Head
The Mint	Star of the East
The Moon	The Swan

FISH & CHIPS £6.95

fully air conditioned

Eminim bu pub isimleri size de ilginç gelecektir. Öyle sanıyorum ki bütün isimlerin İngiliz tarihi ve kültürü ile derin bir bağlantısı var. Hiçbiri şirket ismi ya da ticari bir firma ismi değil. Her ismin kendine göre bir özelliği var. Bana öyle geliyor ki İngiliz tarihi ve kültürü çalışan bir insan pub isimlerinden yola çıkarsa hedefe daha çabuk ulaşır. İngilizler sevdikleri ya da günlük hayatlarında çok karşılaştıkları her şeyin ismini publara veriyorlar. Mesela balık ve tilki gibi hayvan isimleri çok yerde gözünüze çarpar ya da Shakespeare ve The Prince of the Wales isimlerini çok görürsünüz. Bu isimler yer kaplasın diye konmamıştır bu publara. Hepsi bir anlam ifade eder. Publar kültür ile o kadar içli dışlıdır ki burada pub ortadan kalksa sanırım İngilizlik de ortadan kalkar.

Geçen hafta Tony Blair başbakanlığındaki İngiliz Hükümeti refah reformu için toplumsal bir sözleşme ortaya koydu. The New Welfare Contract adındaki sözleşmeyi aynen alıyorum:

THE NEW WELFARE CONTRACT

The Duty of Goverment
Provide people with the assistance when they need to find work
Make work pay
Support those unable to work so they can lead a life of dignity and security
Assist parents with the cost of raising their children
Regulate effectively soy hat people can be confident that private pensions and insurance products are secure
Releive poverty in old age where saving are inadequate
Devise a system that is transparent and open gets money to those in need.

The Duty of the Individual
Seek training or work where able to do so
Take up the opportunity to be independent if able to do so
Give support, financial or otherwise, to their children and other family members
Save for retirement where possible
Not to defraud the taxpaper.

The Duty of Us All
To help all individuals and families to relaise their full potential and live a dignified life, by promotion economic independence through work, by relieving poverty where it can not be prevented and by building a strong and cohesive society where rights are matched by responsibilities.

21. yüzyıla girerken İngiliz Hükümetinin halkı ile yaptığı sözleşme ortada. Diyor ki Hükümet, herkes üzerine düşeni yaparsa yeniden refah devleti olmamamız için hiçbir sebep yok. Dikkat çeken diğer bir yanı da mesajın içinde hiçbir siyasi öge yok! Böyle bir kontratı Türkiye'de de uygulamak

sanırım akıllıca olur. Öyle ya 21. yüzyıla giriyoruz; ama hâlâ nereye koştuğumuz belli değil. Akşama kadar politika konuşuruz. En ünlü insanlarımız, yazarlar, bilim adamları, doktorlar, avukatlar, uzmanlar, devlet adamları değil tam aksine şarkıcılar, futbolcular ve politikacılar! Toplumla sözleşmeyi hangi güvenilir kişi ya da kurum yapacak? Toplumun önünde yanlış insanlar koşuyor.

Dün okul kütüphanesinde ufak bir araştırma yapıyordum ve aklıma geldi gidip The Hansard yani parlamento zabıtlarını buldum. İngiliz Sicimi adlı güzel kitapta Uygur Betin bahsettiği zabıtları bir de ben göreyim dedim. Bakalım ilginç neler bulabilirim dedim kendi kendime. O kitapta St. James's Parkındaki pelikanlarla ilgili oturum zabıtları vardı. Bu zabıtlar o kadar ilgimi çekti ki defalarca okudum ve birçok kişiye de gösterdim.

HANSARD - ST. JAMES'S PARK PELICANS

Hansard, Meclis Zabıtları anlamına geliyor. Lordlar Kamarası ve Avam Kamarasında söylenenler Hansard ile kayıt altına alınıyor. Lordlar Kamarasının özellikle bize ilginç gelebilecek konuşmaları da yer alıyor burada. Bir örneğine aşağıda yer verdim. Lordlar, St. James's Parkındaki pelikanların akıbetini tartışıyorlar!

Öğleden sonra 2.58

Leaston Lordu Stodart Majestelerinin Hükümetine: Prag'dan getirilen iki pelikanın Çek Cumhuriyeti Hükümetinin talebi doğrultusunda getirilip getirilmediklerini ve St. James's Parkındaki pelikanların sayısının korunması amacıyla Vaclav ve Rusalka'ya başka pelikanların katılıp katılmayacaklarını sordu.

Kültür Bakanlığı Parlamento Müsteşarı (Lord Inglewood): Lordlarım, Vaclav ve Rusalka adlı iki pelikan Eylül ayında St. James's Park'taki beyaz pelikana ve doğulu beyaz pelikana katılmıştır. Prag Hayvanat Bahçesinden getirilmişlerdir. Başka bir pelikan getirmeyi planlamıyoruz.

Leaston Lordu Stodart: Lordlarım, kıymetli arkadaşıma bu şekilde olumlu bir cevap verdiği için teşekkür ederim. Son 30 yıla yakın bir süredir bu konu her görüşüldüğünde St. James's Parkındaki pelikanların üreme ihtimalleri ile ilgili soruların sorulduğundan haberi var mı? Her defasında, Soruya cevap veren Bakan pelikanların cinsiyetini bilmediğinden dolayı bilgi veremediğini söylemek zorunda kalmıştır. Bu kez, iki pelikana da Hıristiyan adları verilmiştir.

Lord Inglewood: Lordlarım, hepinizin arkadaşımın St. James's Parkındaki pelikanlarla bu kadar yakından ilgilendiği için müteşekkir olduğunuza eminim. Kıymetli arkadaşımın da belirttiği üzere, yeni alınan pelikanların adları Vaclav ve Rusalka. Vaclav, erkek ismi olan Wenceslas ile aynıdır, Rusalka da bir dişi adıdır. Pelikanlar Prag Hayvanat Bahçesinden ayrılırken, uzmanlar bu pelikanların cinsiyetlerini belirlemişlerdir. Pelikanların kimliklerini veya cinsiyetlerini bilememe durumunda kalmamalarını sağlamak için, Hükümet bu tür bilgilerin korunabilmesi için pelikanların her birine birer halka takmıştır.

Croy Lordu Campbell: Lordlarım, 1988 yılında bu konuyla ilgili benzer bir soruya cevap veren Bakan parktaki pelikanların 300 yıldır yumurtlamadıklarını ifade etmişti. Bunun sebebi parktaki koşulların pelikanların üremeleri için elverişli olmaması mıdır? Hal böyleyse, bu pelikanları ithal edip bunları bir eşten mahrum etmek iyi bir davranış mıdır?

Lord Inglewood: Lordlarım, St. James's Parkındaki pelikanlar yumurtlamışlar; ancak verimsiz olmuştur. Ornitoloji uzmanları bana gerçeğin, en az yaklaşık 10 kuştan oluşan daha büyük bir sürünün bir parçası değillerse, pelikanların verimli yumurtalar yapmama eğiliminde olduğunu bildirmişlerdir. Anladığım kadarıyla Londra Hayvanat Bahçesi bu tür bir sürü oluşturmayı planlamaktadır. Pelikanların yaşadıkları ortama gelince, manastırlarda ve rahibe manastırlarında yaşanan ortama benzer bir ortamdır bu.

Lord Strabolgi: Lordlarım, St. James's Parkında Kral II. Charles döneminden beri pelikanların bulunduğu doğru mudur; ve eğer bu parkta pelikan kalmazsa, tarihsel söylenceye göre, korkunç olaylar mı olacaktır? Saygıdeğer Lordum bunu açıklayabilir mi?

Lord Inglewood: Lordlarım, St. James's Park'taki ilk pelikanlar Kral II. Charles'a Rus Büyükelçisi tarafından 1660'ların başında hediye edilmiştir. Şubat 1665'te, John Evelyn

"leylekle kuğu arası bir kümes hayvanı"

olan bir pelikan gördüğünü yazmıştır. Saygıdeğer Lordun bahsini ettiği söylence ile ilgili ayrıntılı herhangi bir bilgim yoktur.

Lord Gisborough: Lordlarım, pelikanların önemi ve St. James's Park'taki trafik yoğunluğu düşünüldüğünde, sayın Bakan birkaç pelikan geçiş yeri koymayı düşünür mü?

Lord Inglewood: Lordlarım, bu konu Ulaştırma Bakanlığını ilgilendiren bir konudur.

Lord Annan: Lordlarım, son savaş yıllarında olduğu gibi Genelkurmay Başkanları olarak anılabilmeleri için üçüncü bir pelikan daha ilave edilecek mi?

Lord Inglewood: Lordlarım, eminim bir pelikan daha eklemek mümkündür. Ancak, St. James's Park'ta dörtten fazla pelikan olması durumunda, göl üzerindeki diğer kümes hayvanlarına kötü davranma eğiliminde oluyorlar; ayrıca küçük olanlarını da yiyorlar. Bunu da Kraliyet Parklar Müdürlüğü istemeyecektir.

Lord Donoughue: Lordlarım, eminim hepimiz güzel kuşların gelmesini isteriz, özellikle de yılın bu zamanında. Ancak, sayın Bakan Lordlar Kamarasını bu kuşların esasen yasal oldukları ve kaçak göçmenler olmadıkları konusunda temin edebilir mi? Saygıdeğer Lordum Lordlar Kamarasını ayrıca siyasi sığınma istemeleri durumunda haklarının kısıtlanmayacağı konusunda temin edebilir mi?

Lord Inglewood: Lordlarım, pelikanların bu ülkeye yasal yoldan ithal edildiklerini teyit edebilirim; esasen, Londra Hayvanat Bahçesine gittiğinden bahsettiğim pelikan ile birlikte Duck Island'daki periyodik karantinadan geçtiklerini öğrendim. Lordlar Kamarasını pelikanlara çok iyi bakıldığı konusunda temin edebilirim. Her pelikan günde yaklaşık dört libre mezgit balığı yemekte ve tüm pelikanların haftalık maliyeti 78.50p olmaktadır. Buna ilave olarak, vitamin tabletleri şeklinde tamamlayıcı besinler de almaktadırlar.

...

Guildhall Üniversitesi Moorgate binasındaki kütüphaneye girdim ve hukuk kitaplarının bulunduğu bir üst kata çıktım. Fazla aramadan buldum. Kitapçıkların üzerinde

Parliamentary Debates (Hansard) alt kısmında da House of Lords Weekly Hansard yazıyordu. Bir üst rafta da House of Commons Weekly Hansard vardı. (Satın almak isteyenler için adres: The Parliamentary Bookshop 12 Bridge street, Parliamnet Square, London SW1A 2JX. 5 -10 pound vererek alıp inceleyebilirsiniz bunlardan birini.) Hansard'a internet üzerinden www.publications.parliament.uk/pa/cm/cmhansrd.htm adresinden ulaşılabilir.

Böylece Lordlar Kamarası ve Avam Kamarasında İngiliz vekillerin neler konuştuğunu öğrenme fırsatını bulmuştum. Daha çok Türkiye, Kıbrıs, Avrupa Birliği ve buradaki ilticacılarla ilgili neler konuşulduğunu bilmek istiyordum. Çok geçmeden bir şeyler buldum ve okudum.

IMMIGRANTS - MÜLTECİLER

Mülteciler konusunda bulduklarıma gelince 1992 yılında 2640 kişi başvurmuş ve 460 kişiye mülteci statüsü tanınmış. 1535 kişiye de bu statü tanınmamakla birlikte kalmalarına (Bu izin genellikle bir yıl için veriliyor; fakat daha sonra ilticanın konumu tekrar görüşülüyor) izin verilmiş. 1996 yılına geldiğimizde bu rakam dramatik bir biçimde düşmüş. 1405 iltica başvurusu yapılmış. 55'i kabul edilmiş, 20 kişinin de burada kalmasına izin verilmiş.

İNGİLİZCE

İlgimi çeken bir başka konuşma da İngiliz diplomatik misyonunun gittiği ülkedeki dili yeterince bilmemesiyle ilgili bir konuşma oldu. Üst düzey diplomatların yaklaşık %50'si gittikleri ülkenin dilini bilmiyor. Aynı konu Türk diplomatlar için de geçerli.

Konuşmanın bir yerinde 'dil' değişik bölümlere ayrılmış. İlgimi çekti.

1. beginner	/ 1. survival
2. colloquial	/ 2. functional
3. advanced	/ 3. operational
4. interpreter	/ 4. extensive

Ben ikinci sınıflandırmayı daha gerçekçi buluyorum. Birinci kısmı esas alarak öğretim yapan yerler genelde kitap dili öğretir. İkinci kısımdan hareketle dil öğretenler ise genelde günlük hayat dili öğretir. Ama sanırım dil öğrenirken ne öğrenmek istediğini belirlemek en yararlısı olur. Yani ticaret için dil öğrenen bir insanın extensive öğrenmesine gerek yoktur. Dili functional öğrenirse o kişiye bu dil yeter de artar. Türkiye de dil öğretim karmaşasının bir kısmı da buradan kaynaklanıyor. Öğrenciler hayat boyu kullanmayacakları birçok kural ile tanışıyor ve bu da onlara bıkkınlık getiriyor. Bunun yerine bütün kitaplar ve sistem tekrar gözden geçirilip herkesin ihtiyacına göre günlük dil öğretilirse sanırım daha mantıklı olacaktır.

İngiltere de insanları en çok ilgilendiren ya da endişelendiren belli başlı maddeler elime geçti. Yukarıdan aşağıya sıralıyorum:

1. Crime, law and order, violence and vandalism
2. National Health Service (NHS) and the hospitals
3. Pollution and Environment
4. Drug abuse
5. Unemployment, factory closures and lack of industry
6. Education and schools
7. Inflation and prices
8. AIDS
9. Pensions and social security
10. Race relations, immigration and immigrants
11. Local goverment, rate capping and poll tax
12. Housing
13. Privatisation
14. Nuclear Weapons, nuclear war and dısarmament
15. Norther Ireland
16. Taxation
17. Morality and permissiveness
18. Nuclear power and fuels
19. Comman market
20. The economy and the economic situation
21. The trade unions
22. The value of the pound and the Exchange rate
23. Defence and foreing affairs
24. Britain's relation with America

Bizim ülkemizde sıralama farklı olsa da problemler çoğunlukla aynı. Ağrısız başı olan yok dünyada. Dışarıdan bakınca ne problemi olacak İngilizlerin, bütün problemler bizde diyebilirsiniz; ama en az bizim kadar problemi var İngiltere'nin. Belki de daha fazla çünkü tepede yaşamaya alışmış bir toplumun hep tepede tutulması sanıldığından daha zor.

NEIGHBOURHOOD WATCH and ID WATCH

İngilizler oturdukları mahallelerin güvenliklerini sağlamak ve suç ve vandalizmin (kamu mallarını –veya özel mülkiyeti- tahrip etme ve yağmalama) önüne geçmek için kendilerince bir yöntem bulmuşlar. Nüfusun ciddi bir kısmı yaşlı ve evinde oturan kişilerden olduğu için, insanlar çevrelerinin güvenliklerini kendilerine dert edinmişler. Mahallelerine giren çıkan şüpheli bir kişi gördüklerinde, aşırı hızlı giden bir araçla karşılaştıklarında veya bir olaya şahit olduklarında muhitlerindeki polisi haberdar ediyorlar. Pencere kenarında otururken, bahçe işleriyle uğraşırken veya araba park ederken şüpheli harekette bulunan kişi gördüklerinde tereddüt etmeden bildiriyorlar.

Bir diğer konu da ID Watch konusu. Bu sıralar kimlik bilgileri eskisinden daha önemli hale gelmeye başladı. Kimlik hırsızları çöp kutularını karıştırarak kişilerin çöpe atılmış banka hesap özetlerinden, faturalarından ya da kredi kartı hesap ekstrelerinden kişilerle ilgili bilgileri toplayıp farklı amaçlar için kullanabiliyorlar.

Neighbourhood Watch ve ID Watch seferberlikleri halka belli bir bilinç aşılamayı amaçlayan yaklaşımlar. Evlerin girişlerinde bu konuda yapışkanlı renkli çıkartma kâğıtlar (sticker) yapıştırılarak insanlar bir durumla karşılaştıklarında belirli bir numarayı aramaya yönlendiriliyor.

VANDALISM - GRAFFITI - CROP CIRCLES ve UFOlar

İngiltere'ye her yıl 1-2 milyar dolara mal olan tam bir baş belası. Tarihi 455 yılında Romayı yağmalayan Vandallara kadar dayanıyor. Batı kültürünün bir ürünü belki. Sonraları Fransız Cumhuriyet Ordusunun tavırları vandalca bulunmuş ve vandalizm Batıdaki egemenliğini sürdürmüş. Bir anlamıyla kültüre karşı kriminal savaş olarak biliniyor. Türkiye'de bunun bir örneği –kültürün bir parçası olmuş belki- şehirlerarası yollardaki tabelaların kurşunlanması, hedef tahtası haline getirilmesi. Batıda ise önceki hükümet veya güç sahiplerinin heykellerinin tahrip edilmesi şeklinde göstermiş genelde kendini. Günümüzde grafiti ile yoluna devam ediyor. Kamu veya başkasının malını bir şekilde tahrip etme eylemi, şehir içlerinde çete kültürünün bir parçası olarak grafiti ile sergilenirken, kırsal bölgelerde ekinlere daireler ve geometrik şekiller verilerek çetelerin kendilerini bir anlamda bulundukları muhitte veya hatta Google Maps ile uzaydan bile görünür kılmaya çalışıyorlar. Gariptir, bizde de bu gibi katıksız vandalizm unsuru tarla şekilleri Uzaylılar veya UFOlarla ilişkilendiriliyor.

SIR ROBERT STEPHENSON SMYTH BADEN-POWELL ve İZCİLİK

İngilizler dünyada bilinen 10 keşfin ya da icadın en az 5 tanesinin kâşifi ya da mucidi... Arabayı, arabanın gücünü, buharı, buharın gücünü, elektriği, elektriğin gücünü, petrolü, petrolün gücünü... kısaca dünyada güç kazanmak için enerjinin gerektiğini anlamışlar ve enerjiyi güç için yakıt yapmışlar. İngilizce'de *power* kelimesinin *güç, enerji, elektrik* anlamlarına gelmesini de bu anlamda değerlendirmek lazım.

Dünyada maddi anlamda gelişmeye yaptıkları katkılar bir yana, İngilizler kendilerini de kişisel olarak geliştirmek için bazı yöntemler bulmuşlardır. Arabayı bulup trafik kurallarını belirleyen İngilizler, günlük yaşamlarını da belli kodlara / kurallara göre şekillendirmiş ve gelecek nesillerin de bu kodlara göre yaşamalarını sağlamak için eğlenceli ve eğitici metodlar geliştirmişlerdir. İngilizlere bu anlamda hayran olmamak oldukça zor.

Dünya izcilerinin adını kısaltarak BP dedikleri *Baden-Powell* da bir İngiliz öncüsü. Güney Afrika'da İngilizlerin yerli halka karşı giriştikleri *Boer Savaşı*nda büyük başarılar kazanarak ülkesine geri dönen Baden-Powell *Aids to Scouting* (İzcilik için Yardımcı Bilgiler) kitabı ile izciliğin ilk temellerini atmış.

İzciler BP harflerinden oluşan **B**E **P**REPARED (*Daima Hazır*) ifadesini parola olarak kullanmaktadırlar. Bu izci parolası şu şekilde *akrostiş* şiirle ifade edilmiştir:

- **B**ravery (Cesaret)
- **E**nterprise (Atılganlık)
- **P**urpose (Azim)
- **R**esolution (Kararlılık)
- **E**ndurance (Dayanıklılık)
- **P**artnership (Arkadaşlık)
- **A**ssurance (Özgüven)
- **R**eformation (Yenilikçilik)
- **E**nthusiasm (İsteklilik)
- **D**evotion (Bağlılık)

İzci Andı

Tanrıya, Vatanıma karşı görevlerimi yerine getireceğime, izcilik töresine uyacağıma, başkalarına her zaman yardımda bulunacağıma, kendimi bedence sağlam, fikirce uyanık ve ahlakça dürüst tutmak için elimden geleni yapacağıma şerefim üzerine and içerim.

Erkek İzcilere *Boy Scouts*, Kız İzcilere de *Girl Scouts* deniyor. İzcilik, Türkiye'de de Galatasaray Lisesinde beden eğitimi öğretmenliği yapan yarı İngiliz yarı Türk bir aileden gelen Ahmet Robenson tarafından "*Keşşaflık*" adı altında 1912 yılında kurulmuştur. İzcilik belki birçok ülkede gençlik için yeni bir soluk olacak bir oluşum. Bir İngilizin bulup, geliştirip dünyaya hediye ettiği bir sistem.

B-P'nin Erkek İzcilere Son Mesajı:

Baden-Powell
Sevgili İzciler, eğer Peter Pan oyununu seyrettiyseniz, oyundaki korsan şefinin nasıl her zaman son nutkunu attığını hatırlayacaksınızdır. O, muhtemelen sıra ona geldiği zaman son konuşmasını yapacak kadar zaman bulamayacağından korktuğu için bunu yapıyordu. Benim için de durum aynı, bu nedenle şu an ölüm döşeğinde olmama rağmen, ileriki günlerden birinde mutlaka bunun olacağını düşünerek, size bir veda mesajı göndermek istedim. Bunun beni son duyuşunuz olduğunu hatırlayın ve düşünün. Ben

çok mutlu bir hayat yaşadım ve her birinizin en az benimki kadar mutlu bir hayata sahip olmanızı dilerim.

Ben, Tanrının bizi bu güzel dünyaya mutlu olmak ve hayattan hoşlanmak için gönderdiğine inanıyorum. Mutluluk zenginlikten, başarıdan ya da hoşgörüden gelmez. Mutluluk için önemli bir adım da bir delikanlıyken kendinizi sağlıklı ve güçlü tutmanız, böylece bir adam olduğunuzda hayatın tadını çıkarabilmenizdir. Doğayı incelemek, size Tanrının hayattan daha çok hoşlanmaniz için doğayı nasıl güzellikler ve harika şeylerle donattığını gösterecektir. Elinizde bulunanla yetinin ve onu en iyi şekilde kullanın. olayların karanlık ve hüzünlü yönlerine değil, parlak yönlerine bakın. Fakat mutluluğu ele geçirmenin asıl yolu insanlara mutluluk vermektir. Bu dünyayı bulduğunuzdan daha iyi bırakmayı deneyin ve ölüm zamanınız geldiğinde, böylece elinizden gelenin en iyisini yaptığınızı ve hayatınızı boşa geçirmediğinizi hissederek mutlu olabilirsiniz. Mutlu yaşamak ve ölmek yolunda, "Daima Hazır" olun.

Artık delikanlılıktan çıktığınızda bile daima izci sözü'nüze sadık kalın, Tanrı size yardımcı olacaktır.

Arkadaşınız, BADEN-POWELL

NATIONAL ANTHEM – MİLLİ MARŞ

God save our gracious Queen,
Long live our noble Queen,
God save the Queen!
Send her victorious,
Happy and glorious,
Long to reign over us;
God save the Queen!

O Lord our God arise,
Scatter her enemies
And make them fall;
Confound their politics,
Frustrate their knavish tricks,
On Thee our hopes we fix,
God save us all!

Thy choicest gifts in store
On her be pleased to pour;
Long may she reign;
May she defend our laws,
And ever give us cause
To sing with heart and voice,
God save the Queen! 4. Not in this land alone,
But be God's mercies known,
From shore to shore!
Lord make the nations see,
That men should brothers be,
And form one family,
The wide world over.

From every latent foe,
From the assassins blow,
God save the Queen!
O'er her thine arm extend,
For Britain's sake defend,
Our mother, prince, and friend,
God save the Queen!

Lord grant that Marshal Wade
May by thy mighty aid
Victory bring.
May he sedition hush,
And like a torrent rush,
Rebellious Scots to crush.
God save the Queen!

MARŞLAR

İngiltere'nin en bilinen marşlarından olan *Jerusalem* William Blake tarafından yazılmıştır.

Jerusalem

And did those feet in ancient time
Walk upon England's mountains green?
And was the Holy Lamb of God
On England's pleasant pastures seen?
And did the Countenance divine
Shine forth upon those clouded hills?
And was Jerusalem builded here,
Among those dark satanic mills?
Bring me my bow of burning gold,
Bring me my arrows of desire;
Bring me my spear! O, clouds unfold!
Bring me my chariot of fire!
I will not cease from mental fight,
Nor shall my sword sleep in my hand
Till we have built Jerusalem
In England's green and pleasant land.
William Blake

Rule Britannia

When Britain first, at Heaven's command
Arose from out the azure main,
Arose from, arose from out the azure main;
This was the charter, the charter of the Land
And Guardian Angels sang this strain:
Rule Britannia, Britannia rule the waves!
Britons never, ever, ever shall be slaves.
Rule Britannia, Britannia rule the waves!
Britons never, ever, ever shall be slaves.
The nations, not so blest as thee,
Must, in their turns, to tyrants fall,
Must, in their turns, to tyrants fall;
While thou shalt flourish great and free,
The dread and envy of them all.

Rule Britannia, Britannia rule the waves!
Britons never, ever, ever shall be slaves.
Rule Britannia, Britannia rule the waves!
Britons never, ever, ever shall be slaves.
Still more majestic shalt thou rise,
More dreadful from each foreign stroke;
More dreadful, dreadful from each foreign stroke.
As the loud blast, the blast that tears the skies
Serves but to root the native oak.
Rule Britannia, Britannia rule the waves!
Britons never, ever, ever shall be slaves.
Rule Britannia, Britannia rule the waves!
Britons never, ever, ever shall be slaves.
Thee haughty tyrants ne'er shall tame;
All their attempts to bend thee down;
All their, all their attempts to bend thee down.
Will but arouse; arouse thy gen'rous flame,
But work their woe and their renown.
Rule Britannia, Britannia rule the waves!
Britons never, ever, ever shall be slaves.
Rule Britannia, Britannia rule the waves!
Britons never, ever, ever shall be slaves.
The Muses still with Freedom found
Shall to thy happy coast repair;
Shall to thy happy, happy coast repair.
Blest isle with matchless, with matchless beauty crown'd,
And manly hearts to guard the fair.
Rule Britannia, Britannia rule the waves!
Britons never, ever, ever shall be slaves.
Rule Britannia, Britannia rule the waves!
Britons never, ever, ever shall be slaves.
James Thomson

Land of Hope and Glory

Dear Land of Hope, thy hope is crowned.
God make thee mightier yet!
On Sov'ran brows, beloved, renowned,
Once more thy crown is set.
Thine equal laws, by Freedom gained,
Have ruled thee well and long;
By Freedom gained, by Truth maintained,
Thine Empire shall be strong.
Land of Hope and Glory, Mother of the Free,
How shall we extol thee, who are born of thee?
Wider still and wider shall thy bounds be set;
God, who made thee mighty, make thee mightier yet.
Thy fame is ancient as the days,
As Ocean large and wide:
A pride that dares, and heeds not praise,
A stern and silent pride:
Not that false joy that dreams content
With what our sires have won;
The blood a hero sire hath spent
Still nerves a hero son.
A. C. Benson

There'll Always be an England

I give you a toast, ladies and gentlemen.
I give you a toast, ladies and gentlemen.
May this fair dear land we love so well
In dignity and freedom dwell.
Though worlds may change and go awry
While there is still one voice to cry - - -
There'll always be an England
While there's a country lane,
Wherever there's a cottage small
Beside a field of grain.
There'll always be an England
While there's a busy street,
Wherever there's a turning wheel,
A million marching feet.

Red, white and blue; what does it mean to you?
Surely you're proud, shout it aloud,
"Britons, awake!"
The empire too, we can depend on you.
Freedom remains. These are the chains
Nothing can break.
There'll always be an England,
And England shall be free
If England means as much to you
As England means to me.
Parker & Charles

White Cliffs of Dover
There'll be bluebirds over the white cliffs of Dover
Tomorrow, just you wait and see
There'll be love and laughter and peace ever after
Tomorrow when the world is free
(The shepherd will tend his sheep)
(The valley will bloom again)
And Jimmy will go to sleep
In his own little room again
There'll be bluebirds over the white cliffs of Dover
Tomorrow, just you wait and see
There'll be bluebirds over the white cliffs of Dover
Tomorrow, just you wait... and see.
Nat Burton

HAKARET - ARGO
arsehole: asshole.
barmpot: clumsy idiot
barmy: idiotic
berk: idiot
Billy no-mates: person with no friends
bint: woman, in the loosest sense of the word
blighter: guy (or, rather, a more refined, more upper-class
version thereof)
bloody: damned
blooming: darned

bollocks: testicles
bugger: jerk
charva: newish word in the U.K. to describe a range of people much similar to pikeys
chav: variant of " charva.
cheeky: risqué; just short of rude
cobblers: rubbish; nonsense
cock-up: make a complete mess of something
codger: grouch; belligerent old bugger
dago: Spanish person
divvy: idiot
dodgy: something either shady
dozy: perhaps most kindly characterised as " slow
duffer: idiot; simpleton
eejit: idiot
Gordon Bennett: Christ
gormless: slightly lacking in the common sense department; a bit daft
grotty: gross; disgusting
manky: gross; disgusting
minger: someone breathtakingly unattractive
munter: deeply unattractive woman
muppet: dimwit
naff: tacky, ineffectual and generally crap
nancy: man who is either extremely effeminate, or homosexual
nosey parker: a person who takes a little bit too much interest in other peoples' goings on
numpty: Scottish idiot, in a friendly sort of a way
nutter: someone with a screw loose
off one's onion: Northern England crazy
off one's rocker: crazy
off one's trolley: crazy
pikey: white trash
pillock: idiot
pish: Scottish piss
piss-artist: useless drunk
plonker: idiot

po-faced: glum; long-faced
poxy: crappy; third-rate
prat: idiot
scrubber: another not overly complimentary word for a young lady of loose moral fibre
shite: shit
skanky: disgusting
taking the piss: make fun of
trollop: woman of loose morals
tyke: rascal; tearaway
uphill gardener: homosexual
wally: dimwit; dunce
wazzack: idiot

ATASÖZLERİ
Every cloud has a silver lining.
A stitch in time saves nine.
Nothing ventured nothing gained.
Out of the frying pan into the fire.
One man's meat is another man's poison.
Don't look a gift horse in the mouth.
You can lead a horse to water but you cannot make it drink.
The grass is always greener on the other side.
The best things in life are free.
Don't cross your bridges before you come to them.
It was the last straw that broke the camel's back.
Where there's a will there's a way.
Marry in haste, and repent at leisure.
The best advice is found on the pillow.
You can't tell a book by its cover.
Bad news travels fast.
Birds of a feather flock together.
Live and let live.
The way to a man's heart is through his stomach.
Better untaught than ill taught.
Soon learnt, soon forgotten.

DEYİMLER

Across the pond

This idiom means on the other side of the Atlantic Ocean, used to refer to the US or the UK depending on the speaker's location.

All mouth and trousers

Someone who's all mouth and trousers talks or boasts a lot but doesn't deliver. 'All mouth and no trousers' is also used, though this is a corruption of the original.

All my eye and Peggy Martin

An idiom that appears to have gone out of use but was prevalent in the English north Midlands of Staffordshire, Cheshire and Derbyshire from at least the turn of the 20th century until the early 1950s or so. The idiom's meaning is literally something said or written that is unbelievable, rumor, over embellished, the result of malicious village gossip etc.

All talk and no trousers

Someone who is all talk and no trousers, talks about doing big, important things, but doesn't take any action.

An Englishman's home is his castle

This means that what happens in a person's home or private life is their business and should not be subject to outside interference.

Argue the toss

If you argue the toss, you refuse to accept a decision and argue about it.

As the actress said to the bishop

This idiom is used to highlight a sexual reference, deliberate or accidental.

At a loose end

If you are at a loose end, you have spare time but don't know what to do with it.

At the end of your tether

If you are at the end of your tether, you are at the limit of your patience or endurance.

Back foot

If you are on your back foot, you are at a disadvantage and forced to be defensive of your position.

Bad mouth

When you are bad mouthing, you are saying negative things about someone or something.('Bad-mouth' and 'badmouth' are also used.)

Banana skin

A banana skin is something that is an embarrassment or causes problems.

Barrack-room lawyer

A barrack-room lawyer is a person who gives opinions on things they are not qualified to speak about.

Be up the spout

If a woman is up the spout, she is pregnant.

Been in the wars
If someone has been in the wars, they have been hurt or look as if they have been in a struggle.

Beer and skittles
People say that life is not all beer and skittles, meaning that it is not about self-indulgence and pleasure.

Before you can say knife
If something happens before you can say knife, it happens very quickly.

Belt and braces
Someone who wears belt and braces is very cautious and takes no risks.

Bent as a nine bob note
A person who is as bent as a nine bob note is dishonest. The reference comes from pre-decimalisation in UK (1971), when a ten shilling (bob) note was valid currency but no such note as nine shillings existed.

Black as Newgate's knocker
If things are as black as Newgate's knocker, they are very bad. Newgate was an infamous prison in England, so its door knocker meant trouble.

Bob's your uncle
This idiom means that something will be successful: Just tell him that I gave you his name and Bob's your uncle- he'll help you.

Box clever
If you box clever, you use your intelligence to get what you want, even if you have to cheat a bit.

Brass neck
Someone who has the brass neck to do something has no sense of shame about what they do.

Break your duck
If you break your duck, you do something for the first time.

Buggles' turn
If it Buggles' turn, someone gets promotion through length of service rather than ability, especially in the British civil service.

By a long chalk
If you beat somebody by a long chalk, you win easily and comfortably.

Canary in a coal mine
A canary in a coal mine is an early warning of danger.

Cheap as chips
If something is very inexpensive, it is as cheap as chips.

Chinese whispers
When a story is told from person to person, especially if it is gossip or scandal, it inevitably gets distorted and exaggerated. This process is called Chinese whispers.

Coals to Newcastle
Taking, bringing, or carrying coals to Newcastle is doing something that is completely unnecessary.

Come a cropper
Someone whose actions or lifestyle will inevitably result in trouble is going to come a cropper.

Come up smelling of roses
If someone comes up smelling of roses, they emerge from a situation with their reputation undamaged.

Cupboard love
To show love to gain something from someone

Curate's egg
If something is a bit of a curate's egg, it is only good in parts.

Daft as a brush
Someone who is daft as a brush is rather stupid.

Damp squib
If something is expected to have a great effect or impact but doesn't, it is a damp squib.

Death warmed up
If someone looks like death warmed up, they look very ill indeed. ('death warmed over' is the American form)

Do a Devon Loch
If someone does a Devon Loch, they fail when they were very close to winning. Devon Loch was a horse that collapsed just short of the winning line of the Grand National race.

Do a Lord Lucan
If someone disappears without a trace or runs off, they do a Lord Lucan. (Lord Lucan disappeared after a murder)

Do a runner
If people leave a restaurant without paying, they do a runner.

Do the running
The person who has to do the running has to make sure that things get done. ('Make the running' is also used.)

Do time
When someone is doing time, they are in prison.

Dog in the manger
If someone acts like a dog in the manger, they don't want other people to have or enjoy things that are useless to them.

Don't wash your dirty laundry in public
People, especially couples, who argue in front of others or involve others in their personal problems and crises, are said to be washing their dirty laundry in public; making public things that are best left private. (In American English, 'don't air your dirty laundry in public' is used.)

Double Dutch
If something is double Dutch, it is completely incomprehensible.

Drunk as a lord

Someone who is very drunk is as drunk as a lord.

Dull as ditchwater
> If something is as dull as ditchwater, it is incredibly boring. A ditch is a long narrow hole or trench dug to contain water, which is normally a dark, dirty colour and stagnant (when water turns a funny colour and starts to smell bad). (In American English,'things are 'dull as dishwater'.)

Dunkirk spirit
> Dunkirk spirit is when people pull together to get through a very difficult time.

Early bath
> If someone has or goes for an early bath, they quit or lose their job or position earlier than expected because things have gone wrong.

Easy peasy
> If something is easy peasy, it is very easy indeed. ('Easy peasy, lemon squeezy' is also used.)

Economical with the truth
> If someone, especially a politician, is economical with the truth, they leave out information in order to create a false picture of a situation, without actually lying.

Enough to cobble dogs with
> A large surplus of anything: We've got enough coffee to cobble dogs with. Possible explanations: A cobblestone is a cut stone with a curved surface. These were set together to create road surfaces, in the days before the widespread use of asphalt. The image the phrase contains is that, even after all the roads have been cobbled, there are so many cobblestones left over that things that don't need cobbling – such as dogs – could still be cobbled. A cobbler repairs shoes, so if you have enough leather to cobble an animal with four feet or that doesn't need shoes, you have a surplus.

Fair crack of the whip
> If everybody has a fair crack of the whip, they all have equal opportunities to do something.

Fall off the back of a lorry
> If someone tries to sell you something that has fallen of the back of a lorry, they are trying to sell you stolen goods.

Fifth columnist
> A fifth columnist is a member of a subversive organisation who tries to help an enemy invade.

Fine and dandy
> If thing's are fine and dandy, then everything is going well.

Flogging a dead horse
> If someone is trying to convince people to do or feel something without any hope of succeeding, they're flogging a dead horse. This is used when someone is trying to raise interest in an issue that no-one supports anymore; beating a dead horse will not make it do any more work.

Flutter the dovecotes
> Something that flutters the dovecots causes alarm or excitement.

Football's a game of two halves
> If something's a game of two halves, it means that it's possible for someone's fortunes or luck to change and the person who's winning could end up a loser.

For donkey's years
> If people have done something, usually without much if any change, for an awfully long time, they can be said to have done it for donkey's years.

For England
> A person who talks for England, talks a lot- if you do something for England, you do it a lot or to the limit.

Full Monty
> If something is the Full Monty, it is the real thing, not reduced in any way.

Gardening leave
> If someone is paid for a period when they are not working, either after they have given in their notice or when they are being investigated, they are on gardening leave.

Get it in the neck
> If you get it in the neck, you are punished or criticised for something.

Get out of your pram
> If someone gets out of their pram, they respond aggressively to an argument or problem that doesn't involve them.

Get the nod
> If you get the nod to something, you get approval or permission to do it.

Give it some stick
> If you give something some stick, you put a lot of effort into it.

Give someone stick
> If someone gives you stick, they criticise you or punish you.

Give the nod
> If you give the nod to something, you approve it or give permission to do it.

Go down like a cup of cold sick
> An idea or excuse that will not be well accepted will go down like a cup of cold sick.

Go down like a lead balloon
> If something goes down like a lead balloon, it fails or is extremely badly received.

Go pear-shaped
> If things have gone wrong, they have gone pear-shaped.

Go spare
> If you go spare, you lose your temper completely.

Gone for a burton

If something's gone for a burton, it has been spoiled or ruined. If a person has gone for a burton, they are either in serious trouble or have died.

Gone pear-shaped

If things have gone pear-shaped they have either gone wrong or produced an unexpected and unwanted result.

Grasp the nettle

If you grasp the nettle, you deal bravely with a problem.

Greasy pole

The greasy pole is the difficult route to the top of politics, business, etc.

Green fingers

Someone with green fingers has a talent for gardening.

Grey pound

In the UK, the grey pound is an idiom for the economic power of elderly people.

Hairy at the heel

Someone who is hairy at the heel is dangerous or untrustworthy.

Hard cheese

Hard cheese means hard luck.

Have your collar felt

If someone has their collar felt, they are arrested.

Hear something on the jungle telegraph

If you hear something on the jungle telegraph, you pick up some information or informal gossip from someone who shares some common interest. ('Bush telegraph' is also used.)

Heath Robinson

If a machine or system is described as Heath Robinson, it is very complicated, but not practical or effective, named after a cartoonist who drew very complicated machines that performed simple tasks.

Hold the baby

If someone is responsible for something, they are holding the baby.

Home, James

This is a cliched way of telling the driver of a vehicle to start driving. It is supposed to be an order to a chauffeur (a privately employed driver). The full phrase is 'Home, James, and don't spare the horses'.

I should cocoa

This idiom comes from 'I should think so', but is normally used sarcastically to mean the opposite.

If you'll pardon my French

This idiom is used as a way of apologising for swearing.

In a tick

If someone will do something in a tick, they'll do it very soon or very quickly.

In rude health

If someone's in rude health, they are very healthy and look it.

In spades

If you have something in spades, you have a lot of it.

In the clink

If someone is in the clink, they are in prison.

In the club

If a woman's in the club, she's pregnant. 'In the pudding club' is an alternative form.

It's as broad as it is long

Used to express that it is impossible to decide between two options because they're equal.

Jam tomorrow

This idiom is used when people promise good things for the future that will never come.

Jersey justice

Jersey justice is very severe justice.

Keen as mustard

If someone is very enthusiastic, they are as keen as mustard.

Keep your chin up

This expression is used to tell someone to have confidence.

Keep your wig on!

This idiom is used to tell someone to calm down.

Kick your heels

If you have to kick your heels, you are forced to wait for the result or outcome of something.

Kitchen-sink

Kitchen-sink drama deals with ordinary people's lives.

Laugh to see a pudding crawl

Someone who would laugh to see a pudding crawl is easily amused and will laugh at anything.

Like a bear with a sore head

If someone's like a bear with a sore head, they complain a lot and are unhappy about something.

Like giving a donkey strawberries

If something is like giving a donkey strawberries, people fail to appreciate its value.

Look after the pennies and the pounds will look after themselves

If you look after the pennies, the pounds will look after themselves, meaning that if someone takes care not to waste small amounts of money, they will accumulate capital. ('Look after the pence and the pounds will look after themselves' is an alternative form of this idiom.)

Lose your bottle

If someone loses their bottle, they lose the courage to do something.

Lose your lunch

If you lose your lunch, you vomit.

Make a song and dance

If someone makes a song and dance, they make an unecessary fuss about something unimportant.

Man on the Clapham omnibus

The man on the Clapham omnibus is the ordinary person in the street.

Money for old rope

If something's money for old rope, it's a very easy way of making money.

More front than Brighton

If you have more front than Brighton, you are very self-confident, possibly excessively so.

New man

A New man is a man who believes in complete equality of the sexes and shares domestic work equally.

Nod's as good as a wink

'A nod's as good as a wink' is a way of saying you have understood something that someone has said, even though it was not said directly. The full phrase (sometimes used in the UK) is 'a nod's as good as a wink to a blind horse'.

Noddy work

Unimportant or very simple tasks are noddy work.

Nosy parker

A nosy parker is someone who is excessively interested in other people's lives. ('Nosey parker' is an alternative spelling.)

Not cricket

If something is not cricket, it is unfair.

Not give a monkey's

If you couldn't give a monkey's about something, you don't care at all about it.

Off on one

If someone goes off on one, they get extremely angry indeed.

Off your chump

If someone is off their chump, they are crazy or irrational.

Off your rocker

Someone who is off their rocker is crazy.

On Carey Street

If someone is on Carey Street, they are heavily in debt or have gone bankrupt.

On the blink

Is a machine is on the blink, it isn't working properly or is out of order.

On the blower

If someone is on the blower, they are on the phone.

On the cards

If something is in the cards, it is almost certain to happen.

On the dole

Someone receiving financial assistance when unemployed is on the dole.

On the fiddle

Someone who is stealing money from work is on the fiddle, especially if they are doing it by fraud.

On the game

A person who is on the game works as a prostitute.

On the knock

If you buy something on the knock, you pay for it in instalments.

On the knocker

If someone is on the knocker, they are going from house to house trying to buy or sell things or get support.

On the never-never

If you buy something on the never-never, you buy it on long-term credit.

On the nod

If something is accepted by parliament or a committee majority, it is on the nod.

On the nod

Someone who's on the nod is either asleep or falling asleep, especially when the shouldn't or are are in a position unusual for sleep, like sitting or standing.

On the nod

When a horse runs, its head moves backwards and forwards alternately - in horse racing, if 2 horses cross the line together the one whose head happens to be going forward often wins and is said to win 'on the nod'.

On the take

Someone who is stealing from work is on the take.

On the trot

This idiom means 'consecutively'; I'd saw them three days on the trot, which means that I saw them on three consecutive days.

One over the eight

Someone who is one over the eight is drunk.

One over the eight

Someone who has had one over the eight is very drunk indeed. It refers to the standard eight pints that most people drink and feel is enough.

Out in the sticks

If someone lives out in the sticks, they live out in the country, a long way from any metropolitan area.

Over-egg the pudding

If you over-egg the pudding, you spoil something by trying to improve it excessively. It is also used nowadays with the meaning of making something look bigger or more important than it really is. ('Over-egg' alone is often used in this sense.)

Pin money

If you work for pin money, you work not because you need to but because it gives you money for extra little luxuries and treats.

Pink pound

In the UK, the pink pound is an idiom for the economic power of gay people.

Plain as a pikestaff

If something is as plain as a pikestaff, it is very clear.

Pull your finger out!

If someone tells you to do this, they want you to hurry up. ('Get your finger out' is also used.)

Quart into a pint pot

If you try to put or get a quart into a pint pot, you try to put too much in a small space. (1 quart = 2 pints)

Queer fish

A strange person is a queer fish.

Quids in

If somebody is quids in, they stand to make a lot of money from something.

Rake over old coals

If you go back to old problems and try to bring them back, making trouble for someone, you are raking over old coals.

Rearrange the deckchairs on the Titanic

If people are rearranging the deckchairs on the Titanic, they are making small changes that will have no effect as the project, company, etc, is in very serious trouble.

Right royal

A right royal night out would be an extremely exciting, memorable and fun one.

See you anon

If somebody says this when leaving, they expect to see you again soon.

Send someone to Coventry

If you send someone to Coventry, you refuse to talk to them or co-operate with them.

Shanks's pony

If you go somewhere by Shanks's pony, you walk there.

Slip through the cracks

If something slips through the cracks, it isn't noticed or avoids detection.

Sound as a pound

if something is as sound as a pound, it is very good or reliable.

Spanner in the works

If someone puts or throws a spanner in the works, they ruin a plan. In American English, 'wrench' is used instead of 'spanner'.

Spend a penny

This is a euphemistic idiom meaning to go to the toilet.

Spoil the ship for a ha'pworth of tar

If someone spoils the ship for a ha'pworth (halfpenny's worth) of tar, they spoil something completely by trying to make a small economy.

Square Mile

The Square Mile is the City, the financial area of London.

Sticky end

If someone comes to a sticky end, they die in an unpleasant way. ('Meet a sticky end' is also used.)

Sticky wicket

If you are on a sticky wicket, you are in a difficult situation.

Stiff upper lip

If you keep your emotions to yourself and don't let others know how you feel when something bad happens, you keep a stiff upper lip.

Take the biscuit

If something takes the biscuit, it is the absolute limit.

Take the Mickey

If you take the Mickey, you tease someone. ('Take the Mick' is also used.)

Tally ho!

This is an exclamation used for encouragement before doing something difficult or dangerous.

Tears before bedtime

This idiom is used when something seems certain to go wrong or cause trouble.

Teething problems

The problems that a project has when it is starting are the teething problems.

Ten a penny

If something is ten a penny, it is very common. ("Two a penny" is also used.)

Thick as mince

If someone is as thick as mince, they are very stupid indeed.

Thin blue line

The thin blue line is a term for the police, suggesting that they stand between an ordered society and potential chaos. (Police uniforms are blue.)

Three sheets in the wind

Someone who is three sheets in the wind is very drunk. ('Three sheets to the wind' is also used. 'Seven sheets' is an alternative number used.)

Throw a spanner in the works

If you throw a spanner in the works, you cause a problem that stops or slows progress on something that was going well.

Tired and emotional

This idiom is a euphemism used to mean 'drunk', especially when talking about politicians.

Up sticks

If you up sticks, you leave somewhere, usually permanently and without warning- he upped sticks and went to work abroad.

Up the duff

If a woman is up the duff, she's pregnant.

Up the spout

If something has gone up the spout, it has gone wrong or been ruined.

Up the stick

If a woman is up the stick, she's pregnant.

Vicar of Bray

A person who changes their beliefs and principles to stay popular with people above them is a Vicar of Bray

Wallflower

A woman politician given an unimportant government position so that the government can pretend it takes women seriously is a wallflower.

Watering hole

A watering hole is a pub.

Who wears the trousers?

The person who wears the trousers in a relationship is the dominant person who controls things.

Wipe the floor with

If you wipe the floor with someone, you destroy the arguments or defeat them easily.

With child

If a woman's with child, she's pregnant.

Wood for the trees

If someone can't see the wood for the trees, they get so caught up in small details that they fail to understand the bigger picture.

Wouldn't touch it with a bargepole

If you wouldn't touch something with a bargepole, you would not consider being involved under any circumstances. (In American English, people say they wouldn't touch it with a ten-foot pole)

Yeoman's service

To do yeoman's service is to serve in an exemplary manner.

You do not get a dog and bark yourself

If there is someone in a lower position who can or should do a task, then you shouldn't do it.

İNGİLİZLERLE MESAFELİ BİR İLİŞKİ KURMALISINIZ
KobiFinans Dergisi 7. Sayı

Nüfusu 47 milyon olan İngiltere, Birleşik Krallığın 4 önemli bölgesinden biri. Diğer bölgeler sırasıyla Galler, İskoçya ve Kuzey İrlanda. Scots, Welsh, ve İrlandalıların kendilerini İngiliz olarak tanıtmadıkları akıldan çıkarılmamalı. Birleşik Krallığın vatandaşları kendilerini AB vatandaşı olarak da kabul etmiyorlar. İngilizler atalarından kalan miras ve tarihleri ile gurur duyuyor. Bugünün dünyasına gelinceye kadar birçok yazar; Shakespeare, T.S. Eliot, ve Chaucer dünyaya önemli katkılar sağladılar. Bunun yanında İngiltere için yapılan 'The Geert Hofstede' analizinde İngilizlerde 'ferdiyetçiliğin önemli olduğu' sonucuna ulaşılmış. İngiltere'de değişimin diğer ülkelerle kıyaslandığında çok daha hızlı olduğuna dikkat çekiliyor.

Brit 'n miss

BRITONS start to miss home four days and 14 hours into a holiday.
A decent cup of tea, safe tap water and our own beds top the league of home comforts we cannot wait to get back to.
Favourite telly shows, pets, family and friends are also high on the list.
A dedicated one in 10 Brits even misses their job, the survey found.

İş Görüşmesi Yaparken
Görüşmeye giderken, yanınızda bol miktarda kartvizit götürmeyi unutmayın. Toplantılara daima zamanında gitmelisiniz. Karar verme süreci yavaş olabilir, bu yüzden iş ortağınızı acele karar verme durumuna getirmeyin. Mümkün olabilirse, İngiltere'ye yaşlı temsilcilerinizi göndermeniz avantaj sağlayabilir. Daha yaşlı kişiler otorite havasını vermesi ve İngiliz iş kültüründe daha fazla saygı görmesi açısından daha uygundur.

Mahremiyet ve kişisel mesafe bu toplumda çok önemlidir. Bu yüzden özel sorular sormamalısınız. Bu yüzden otururken aranızda mesafe bırakmaya ve elinizle temas etmemeye özen gösterin. Soğuk, tarafsız ve işe odaklanmış yaklaşımlar çok iyi karşılanıyor ve saygı görüyor.

İngiliz işadamı kısa süreli iş ilişkilerinden ziyade, uzun vadeli ilişkileri benimser. Eğer iş yapmaya karar verilirse, sizinle doğrudan ilişkiler içine girecekler, fikirlerini açıklamakta tereddüt etmeyeceklerdir. İyi bir ilişkinin oluşmasında, teklifinizi ve şirketinizi değerlendirmeleri için zaman bırakmanız gerekebilir. Öte yandan ilk toplantılarda yüz ifadelerini düşüncelerini belli etmeyecek bir seviyede tutarlar, algılamak konusunda güçlük çekebilirsiniz. İngilizlerin 'az gösterme ustası' olduklarını aklınızdan çıkarmayın. Karar verme durumunda olan bir İngiliz kişisel tecrübe ve hislerinden ziyade varolan yasa ve kurallardan öğüt alır. Bununla birlikte, organizasyonun her seviyesinde işadamı için temel otorite şirket politikasıdır. Objektif kanıtlar ve gerçekler yalnızca gerçeğin akla uygun kaynaklarıdır. Hisler genellikle konuyla ilgisiz şeylerdir.

Geçmişteki örnekler karar vermede önemli rol oynar. Öneriniz geçmişte yapılanlarla uyuşursa daha şanslı bir durumu yakalayabilirsiniz. Saldırgan satış teknikleri 'sert satış' veya başka bir firmanın ürünü hakkında kötü iddialarda bulunmanız iyi karşılanmayabilir. Yüksek sesle konuşmak bile pek hoş karşılanmıyor. Bunun karşısında, mizah, İngiltere'de iş tartışmalarının önemli bir parçası. Fıkra ve şakalarla ilgili bir repertuarınız olması artı bir değerdir. Açıkça ifade etmemek, İngiliz mizahının karakteristik özelliklerinden birisidir. Söylenenin tersini ima ettiği zaman, ilaveten söylenmeyene veya yapılmayana dikkat ederler ve bu mizah stilinin bir değerlendirilmesidir. Burada bir uyarı yapmakta fayda var: İngiliz mizahı özellikle ince alay veya iğneleme konusunu bir rakibiyle alay etmek için kullanır. Uyuşmazlığı gösterme veya küçümseme için kullanabilirler.

İngiliz iş kültürü yoğun bir hiyerarşik yapıya sahip olsa da, ekip çalışması çok önemlidir. Genellikle en yüksek seviyedeki kişiye kararı iletmeden önce oybirliğine ulaşırlar. Karar verme süreci yavaş, detaylı bir eğilim içindedir. Karar verme sürecine baskı ve acelecilikle ilgili öğeleri karıştırmamalı, İngilizlerin 'No' demek için tereddüt etmeyeceğinin farkında olmalısınız.

Konuşmalarınızda cümlelerinizi tam olarak kurmalısınız. İngilizler genellikle Kuzey Amerikalıların konuştuğu gibi cümlenin ortasından takip etme konusuna sinirleniyorlar.

Her zaman alçak ve orta derecede bir ses tonuyla konuşmalı, İngilizlerin kendilerini Avrupalı saymadığını aklınızdan çıkarmamalısınız.

İş Kıyafeti

İngiliz iş kültüründe kadın ve erkek için muhafazakâr kıyafetler ölçü olarak kabul ediliyor. Koyu renkler ve ağır kumaşlar geçerliliğini korumakta. Yıllarca giymiş olduğunuz ancak 'kaliteli' bir kıyafet kabul görür. Her türlü çizgili kravatlardan uzak durun. Çünkü İngiltere'de şerit halindeki kravatlar 'maskot' halinde her biri ayrı bir kurumu temsil edecek şekilde yaygın. Örneğin okullarda ve askeri yerlerde kullanılıyor. Bu yüzden çizgili kravatınız 'duygusuz ve yapmacık bir davranışı olan kişi' imajı yaratabilir. İş kadınlarının ise muhafazakâr ancak modaya uygun, etekli takımlar giyinmesi tavsiye ediliyor. Bununla birlikte pantolon takımlar da geçerliliğini koruyor.

İsim ve Unvan

İngiliz iş protokolünde doktoralı, tıbbi doktor ve dinle ilgili unvanlar haricinde akademik ve profesyonel unvanlar nadiren kullanılıyor. Unvanlar askeri kuruluşlarda önemini hala koruyor. Asilzade niteliğindeki bir kişi ile karşılaşıldığında 'Sir Harold' gibi bir ifade ile çağrılır. Eğer sizden unvanlarınızın kullanılması konusunda bir beklenti yoksa, 'Mr', 'Mrs', ya da 'Miss' gibi unvanları kullanabilirsiniz. Genel bir saygınlık ifadesi olan 'Sir' veya 'Madam' yetersiz görülüyor. İlk isimlerin kullanılması için izin verilmesini beklemelisiniz.

Birine ilk ismiyle hitap etmek durumundaysanız, ismini başkalarının yanında bu şekilde telaffuz etmemeye özen gösterin.

Hediye Verme

Hediye verme İngiliz iş kültürünün bir parçası değil; ancak ev sahiplerinize teşekkür etmek amacıyla bir yemeğe veya tiyatroya davet etmeniz durumunda bu hareketiniz takdir görür.

Tatil zamanlarında gönderilen kartlar arkadaşlarınıza teşekkür etmek için uygun bir fırsattır. Kartlarınızın yılbaşından bir hafta öncesinden karşı tarafın eline geçmesini sağlayın.

Yılbaşı, iş hediyelerinin değişimi için uygun bir zamandır. Bir hediye alırsanız sizin de karşılık vermeniz gerekebilir. Bu hediyeler, ofis kullanımına uygun gereçleri içerebilir; örneğin kaliteli bir dolmakalem veya kitap en iyi seçeneklerdir. Ancak yine de çok pahalı hediyeler seçmemeye özen gösterin.

Bir İngilizin evine davet edildiyseniz çiçek, alkollü içki, şampanya veya çikolata götürebilirsiniz. Şarabı hediye olarak götürmekten kaçınmanızda fayda var; çünkü ev sahibi gece için en iyi mevsimde yapılmış bir şarabı size ikram etmeye gayret edecektir. Eğer şampanya götürürseniz, yemekten sonra aperatif olarak servis yapılabilir.

Kasımpatı, beyaz zambak ve kırmızı gül götürmekten kaçının. Eğer çiçek götürmeye karar verdiyseniz, eski Avrupa gelenekleriyle uyuşacak şekilde buketin tek sayıda olmasına dikkat edin. Çiçekleri sunmadan önce ambalajını açın. Evde konuk olduktan sonra bir teşekkür notu veya postayla teşekkürlerinizi ileten bir yazı göndermeniz çok düşünceli bir davranış olur.

Randevu

Ziyaretinizden en az birkaç gün önceden programınızı belirlemeniz gerek. Ayrıca İngiltere'ye vardığınızda randevunuzu tekrar doğrulatın. Londra'daki yoğun trafik randevularınıza yetişmenize engel olabilir. Randevularınıza yetişmek için bunu da hesaba katarak iyi bir planlama yapın. Genellikle, çalışma haftası pazartesi-cuma 9:00-17:00 arasında. Devlete ait yerler 13:00-14:00 arasında tatil. Bunlar yalnızca resmi çalışma koşulları, birçok işletme çok daha geç saatlere kadar çalışıyor. Yöneticiler işten 18:00-20:00 arasında ayrılıyor.

Halk Davranışları

İngiltere'de bir başka kişinin dikkatini çekmek için doğrudan kişiyi işaret etmektense başınızla işaret etmek daha uygun. Sırta vurmak ve sarılmak pek de iyi karşılanmıyor. Otururken kişiler arasındaki mesafeyi geniş tutmaya özen gösterin, özellikle önemli konuları vurgularken göz kontağını kesmeyin. Konuşma esnasında elleriniz cebinizin dışında, mümkünse her iki tarafınızda olsun. Ilımlı bir tonda konuşmaya dikkat edin, gürültülü konuşmak ve bağırmak kabul görmüyor. Bir iş tanıştırma olayında nazik bir el sıkışma uygun düşüyor. Bir kadınla el sıkışmadan önce, ilk olarak kadının elini uzatmasını bekleyin. Genellikle İngilizlerle tanışırken mümkünse üçüncü şahısların tanıştırmalarına ihtiyaç duyuluyor. İlaveten bazı durumlarda kendinizi tanıştırmanız gerekmeyebilir. Parmakların burna vurulması popüler bir İngiliz davranış biçimi. Bu gizliliğin bir işaretidir ve sık sık şaka anlamında kullanılır. Ancak bu hareket aile bireyleri ve arkadaşlar arasında yaygındır, iş ilişkilerinde kullanılmıyor. 'Kuyruk', yani sırada durma 'milli vakit geçirme yeridir'. Sırayı asla bozmayın ve sıranın en arkasına geçip, sabırla bekleyin.

İngilizler günlük olaylardan konuşmaktan çok hoşlanırlar, bu yüzden sizin de bu konulardaki görüşlerinizi almak isteyebilirler. Politika, özellikle Kuzey İrlanda ve İskoçya ile ilgili konularda tartışmaya girmekten kaçının. Ayrıca Kraliyet Ailesi konusunu ilk gündeme getiren kişi siz olmayın. Doğum yeri, din, kişinin işi ve diğer kişisel konulardaki sorulara pek girmeyin. 'Aile ağacı' ile ilgili tartışmalardan, İngiltere'deki sınıf sistemi ile ilgili konuları gündeme getirmekten kaçının. İngiliz yemeklerinin vasat olmasından bahsetmeyin, bu sözleriniz iyi karşılanmayabilir.

TATİLLER VE ÇALIŞMA SAATLERİ

Yılbaşı Tatili
1 Ocak Paskalya tatili (Easter Monday)
Erken Mayıs Banka tatili
Mayıs'ın ilk Pazartesi günü
Bahar Banka Tatili
Mayıs'ın son Pazartesi günü
Ağustos Banka Tatili
Ağustos'un son Pazartesi günü
Noel Tatili
25-26 Aralık

ÇALIŞMA İZNİ
Avrupa Birliği ve Avrupa Ekonomik Alanına dahil ülke vatandaşları için çalışma izni aranmıyor. Diğer ülke vatandaşları için çalışma izni aranmakta olup, işin niteliğine göre çalışma izni süresi 4 yıla kadar çıkarılabilmektedir. Bu süre yenilenebiliyor.

OTURMA İZNİ
Avrupa Birliği ve Avrupa Ekonomik Alanına dâhil ülke vatandaşları için oturma izni aranmıyor. Diğer ülke vatandaşları için oturma izni zorunlu olup, 5 yıla kadar verilebilmektedir. Bu süre yenilenebiliyor.

İŞ ANLAYIŞI
İngiltere'de ciddi ve profesyonel bir iş anlayışı hâkimdir. Yapılan anlaşma şartlarına uygun hareket etme yönünde yerleşik bir anlayışın ürünü olarak, özellikle kalite ve mal teslimi konusunda belirlenen kriter ve zaman unsurları her zaman uyulması beklenilen konular arasında yer alıyor. Bu konularda olabilecek her türlü aksama ve gecikme konusunda önceden bilgi sahibi olunması karşılaşılabilecek muhtemel sorunları asgariye düşürecektir.

HAVAYOLU BİLGİLERİ
İngiltere-Türkiye arasında THY ve British Airways ile direkt uçuş imkânı bulunuyor. Aktarmalı olarak tüm önemli havayolu şirketleri İngiltere ile bağlantı sağlayabiliyor.

HAVA DURUMU
Genellikle mutedil olup, günlük ve haftalık hava durumu tahminleri iller ve bölgeler bazında aşağıda belirtilen internet adresinden temin edilebiliyor.
http://www.bbc.co.uk/weather/ukweather

HABERLEŞME
İngiltere'nin uluslararası alan kodu 44 olup, telefon, faks, posta ve kurye gibi iletişim araçlarının yanı sıra internet ve elektronik posta kullanımı çok ileri düzeyde yaygınlaşmış durumda. Yaygın olarak hizmet veren internet-cafelerden ve otellerde bulunan internet sistemlerinden kolaylıkla yararlanılabiliyor.

30 milyon adet civarındaki normal telefon hattıyla birlikte 13 milyon cep telefonu ve 364 adet internet servisi sağlayıcısı bulunmakta olup, halen 10.6 milyon kişi yoğun bir şekilde

internet kullanmakta ve toplam 46 milyon kişinin internete erişme imkânı bulunuyor.

Kaynak: www.dtm.gov.tr

YATIRIM İMKÂNLARI

İngiltere Avrupa ülkeleri içerisinde en fazla dış yatırım çeken ülke konumunda bulunmakta ve Amerika Birleşik Devletleri, Japonya ve diğer Asya ülkeleri tarafından Avrupa'ya yapılan toplam yatırımların yüzde 40'ı civarındaki çok yüksek bir yüzdesi İngiltere'de gerçekleştiriliyor. İngiltere'de yatırım yapmanın belli başlı avantajlarını şöyle sıralamak mümkün;

* İngiltere'nin Kuzey Denizi petrol ve doğal gaz kaynakları ile Avrupa'nın enerji bakımından kendine yetebilen tek ülkesi olması dolayısıyla, Avrupa ülkeleri arasında işletmelerine en uygun fiyatla enerji sağlayabilen ülkeler arasında yer alması,

* Ekonomik yaşam içerisindeki değişim ve gelişmelere kolay adapte olabilme yeteneğine sahip, eğitim ve tecrübe sahibi yetişmiş insan gücü,

* Ülke içerisinde kurulu çok sayıda deniz ve hava limanları ve oto yolları sayesinde Avrupa ülkeleri, Amerika kıtası, Uzakdoğu ve Afrika ülkeleri ile tesis edilmiş bulunan ticaret ağının sağladığı imkânlar ve İngiltere'nin bir re-export merkezi konumuna getiriliyor olması,

* İngiltere"nin sanayileşmiş ülkeler arasında en düşük kurumlar vergisi oranlarına sahip ülkeler arasında bulunması,

* Yatırıma ilişkin anapara ve kâr transferleri üzerindeki tüm engellerin kaldırılmış olması ve yabancı yatırımcının her alanda İngiliz yatırımcılarla eşit muamele görmesine yönelik gerekli anlayışın geliştirilmiş olması,

* Londra'nın New York ve Tokyo ile birlikte dünyanın finans merkezlerinden biri olması ve bu sayede bankacılık ve

sigortacılık sektörlerinin ileri düzeyde gelişmiş imkânlarının iş sahiplerinin hizmetine sunulması,

* Kurulmuş bulunan Endüstri Bölgelerine dönük yatırım indirimleri, kolaylaştırılmış işlemler, endüstri ve ticaret amaçlı gayrimenkullere uygulanan vergilerde sağlanan kolaylıklar vb.

* İngiltere'nin, Ticaret ve Sanayi Bakanlığı (Department of Trade and Industry) bünyesinde oluşturulan İngiltere'ye Yatırım (Invest UK) İdaresi yabancı yatırımları desteklemek ve yönlendirmek amacıyla Dışişleri Bakanlığı, Bölgesel Kalkınma Üniteleri, Ulusal ve Bölgesel Kuruluşlar ve Hükümete bağlı bütün ilgili kurumlarla sürekli koordinasyon ve işbirliği içinde görev yapıyor.
Kaynak: www.dtm.gov.tr

ŞİRKET KURULUŞU VE İŞYERİ AÇMA
Şirket Kuruluşu: İngiliz Şirketler Kanununa göre bir veya birden çok gerçek ve tüzel kişi tarafından yürürlükteki kanunlar tarafından yasaklanmamış bir amacın gerçekleştirilmesi amacıyla şirket kurulması mümkün. Ancak kamuya açık bir şirket veya sorumluluğu sınırlı olmayan bir şirket kurulmak isteniyorsa en az iki kurucusunun bulunması zorunlu bulunuyor. Şirket kuruluşunu kişiler aşağıda belirtilen işlemleri kendileri tamamlamak suretiyle doğrudan yapabilecekleri gibi şirket kuruluşu konusunda çalışan firmalardan hazır tip şirket kuruluş sözleşmelerini temin ederek sadece adına kayıt yaptırmak suretiyle de şirketin kuruluşunu gerçekleştirebiliyorlar.

Şirket kuruluşu için gerekli olan aşağıda sıralanan evrakın tamamlanarak İngiltere ve Galler merkezli şirketler için şirket kayıtlarının yapıldığı ve yıllık bildirimlerin ve raporların sunulduğu Cardiff'de bulunan Şirket Kayıt Ofisine (Companies House) gönderilmesi, şirket merkezi Scotland ise, sözkonusu evrakın Edinburg'daki Kayıt Ofisine gönderilmesi gerekmektedir. Ayrıca şirket kuruluşu ile ilgili anılan evrakın

Companies House'ın ülke genelinde bulunan yedi ofisinden birine elden teslim edilmesi suretiyle de şirket kaydının gerçekleştirilmesi mümkün.

Şirket kuruluşu için aranan evrak

Şirket Kuruluş Sözleşmesi; Anılan Sözleşmenin kurulmak istenen şirketin ismi, adresi ve konusunu kapsaması zorunlu bulunuyor. Bunun yanında kurulan şirketin türüne göre "The Tables" olarak adlandırılan ve A'dan F'e kadar olan ve kurulmak istenilen şirketin türüne göre kuralların yer aldığı formun adı geçen ofise sunulması gerekiyor. Anılan kurallar esasen yukarıda sözü edilen ve şirket türüne göre hazırlanmış formlarda bulunuyor. Şirket sözleşmesinin kurucu ortakların tamamı tarafından imzalanması ve bu işlemin anılan imzaları tasdik edebilecek birinin huzurunda (genellikle Avukatlar) yapılması   gerekiyor.

Form 10; Anılan formda şirket ortakları ve yöneticilerine dair bilgiler bulunmakta olup, adı geçen kişiler tarafından imzalanmış olması gerekiyor. Ayrıca şirket adresinin de sözkonusu formla bildirilmesi gerekmektedir. Şirket Kayıt Ofisi posta idaresinin adres kodunu kullandığından verilen adresin posta koduyla birlikte verilmesi gerekiyor. Halka açık olmayan şirketlerde en az bir şirket yöneticisi ve bir de şirket sekreteri, halka açık şirketlerde ise en az iki şirket yöneticisi ve bir şirket sekreteri bulundurma zorunluluğu bulunuyor. Şirket faaliyetlerinin devam ettiği sürece yönetici değişikliklerinin ilgili formlar kullanılmak suretiyle Kayıt Ofisine bildirilmesi zorunlu.

Form 12; Anılan form tüm kanuni yükümlülüklere uyularak şirket kuruluşunun gerçekleştirildiğine dair bir manifesto niteliğinde olup, şirketin kuruluş işlemlerini yürüten Avukat veya form 10'da yer alan yönetici veya firma sekreteri tarafından imzalanması gerekiyor.

Yukarıda izah edilen belgelerle birlikte normal kayıt için 20 İngiliz Sterlini, aynı gün kayıt isteniyorsa 100 İngiliz Sterlini kayıt ücretinin eklenmesi gerekmektedir. İlgili dökümanları alan Şirket Kayıt Ofisi evrak üzerinde gerekli incelemelerini yaptıktan sonra kayıt işlemini gerçekleştiriyor.

Şube Açma: Türkiye'de kurulu bir şirketin İngiltere'de işlerini yürütmek üzere, faaliyetlerinin niteliğine göre şube veya temsilcilik olarak Şirket Kayıt Ofisine kayıt yaptırması gerekiyor.

Türkiye'de kurulu bir şirket İngiltere'de işlerini Türkiye'deki firma adına yürütmek üzere bir şube açtığı takdirde, şube kuruluş tarihi itibariyle 1 ay içerisinde.

Gerekli şekilde doldurulmuş BR1 Formu (Şirket Kayıt Ofisi ve/veya kırtasiyecilerden temin edilebilir).

Ana Şirketin orijinal ana sözleşmesiyle birlikte İngilizceye çevrilmiş ve tasdik ettirilmiş İngilizce nüshası.

Yetkili bir merci tarafından kontrol edilmiş ve tasdik edilmiş son yıla ait bilanço ve kar-zarar tablosu.

20 İngiliz Sterlini ile birlikte Kayıt ofisine göndermek suretiyle şube kayıt işlerinin yaptırılması zorunlu.

Temsilcilik açılması durumunda ise, yine temsilcilik açılmasından itibaren 1 ay içerisinde Usulüne göre doldurulmuş 691 Numaralı Formu, Ana Şirketin orijinal ana sözleşmesiyle birlikte İngilizceye çevrilmiş ve tasdik ettirilmiş İngilizce nüshası, 20 İngiliz Sterlini kayıt ücretinin ilgili ofise intikalinin sağlanarak kayıt işlemlerinin tamamlanması gerekiyor.

Şube ve temsilcilikler Türkiye'deki şirket adıyla kayıtlarını yaptırabilirler; ancak sözkonusu şirket adının daha önceden kayıtlı olması veya şirket adıyla ilgili kısıtlayıcı hükümler bulunması halinde, anılan şube veya temsilcilik adının kendilerine verilen süre zarfında değiştirilmesi gerekiyor. Anılan şube ve temsilciliğin yönetici ve adres değişiklikleri ile firma adı ve ana sözleşmede yapılacak diğer değişikliklerle ana firmanın yıllık bilançoları ile kâr-zarar hesaplarının Şirket Kayıt Ofisine bildirilmesi gerekli hususlar olduğunun bilinmesinde zaruret bulunuyor.

VERGİ ORANLARI

Ülkede faaliyet göstermekte olan ticari şirketlerin ödemekle yükümlü olduğu kurumlar vergisi, üç vergi diliminde hesaplanmaktadır. Buna göre, 0-10 000 Sterlin arası için %10, 10 001-30 000 Sterlin arası için %20 ve 30 001 Sterlin ve üzeri için %30 kurumlar vergisi söz konusu olmaktadır.

Diğer taraftan, gelir vergisi oranları da üç dilim üzerinden hesaplanmaktadır. Buna göre, 0-1 880 Sterlin arası %10, 1 881-29 400 Sterlin arası %22 ve 29 401 Sterlin ve üzeri için %40 gelir vergisi alınmaktadır.

Ülkede, uygulanmakta olan standart katma değer vergisi (KDV) oranı %17,5'tir. Pek çok gıda ürünü, toplu taşıma ve ihracat için KDV uygulanmazken bazı enerji ve yakıt ürünlerine %5 oranında KDV uygulanmaktadır. Diğer taraftan, sigortacılık, eğitim, finans ve sağlık hizmetleri KDV'den muaftır.

Kaynak: İGEME İngiltere Ülke Raporu

NÜFUS YAPISI

Ülkede 2001 yılında gerçekleştirilen son nüfus sayımı verilerine göre İngiltere'nin nüfusu 58,8 milyon kişidir. Düşük doğum oranları ve artan yaşam beklentisine bağlı olarak ülke nüfusu giderek yaşlanmaktadır. 2001 yılı nüfus sayımı, ülkede ilk kez toplam nüfusun %21'ini oluşturan 60 yaş üstü nüfusun, 16 yaş altı nüfusu (%20) aşmış olduğunu ortaya koymaktadır. Diğer Batı Avrupa ülkelerinde olduğu gibi İngiltere'nin de gelecek 10 yıllık dönemde emekli nüfusun çalışan nüfus üzerinde yarattığı yük ile karşı karşıya gelmesi beklenmektedir.

Özellikle son yıllarda İngiltere'deki nüfus artışının arkasında yatan önemli nedenlerden biri de ülkeye yönelik göçün artması olmuştur. Bu göçmenlerin büyük bir kısmı Avrupa Birliği dışındaki ülkelerden gelmektedir. AB üyesi ülkelerden ülkeye yönelik göçte son yıllarda önemli bir değişiklik görülmemiş olmakla beraber Kanada, Avustralya ve Yeni Zelanda'dan göç eden nüfusta artış gözlenmektedir. Diğer taraftan ülke dışına göç edenler de genellikle AB üyesi ülkeler ile anılan ülkelere yönelmektedir.

Ülkeye yönelik iltica talepleri özellikle 1990'lı yılların sonunda artış göstermiştir. Diğer Avrupa ülkelerinde olduğu gibi ülkeye artan göç, medya ve nüfusun büyük bir kısmı tarafından hoş karşılanmamaktadır.

Son 20 yıl içinde İngiltere'nin nüfusu %5 oranında artarak Birleşik Krallık nüfusunun %83,5'lik kısmını oluşturur hale gelmiştir. Nüfusta en büyük artış, bölgenin ekonomik dinamizmine de paralel olarak güney doğu İngiltere'de gerçekleşmiştir.

Birleşik Krallık nüfusu büyük ölçüde kentlerde yoğunlaşmaktadır. Nüfusun %90'ı kentlerde yaşamaktadır. Yine son 20 yıl içinde Londra nüfusu da %5 oranında artış göstermiştir. Buna karşılık Liverpool nüfusunun %15, Manchester nüfusunun da %15,1 oranında azalmasına bağlı olarak Kuzey İngiltere nüfusunda bir düşme gerçekleşmiştir.
Kaynak: İGEME İngiltere Ülke Raporu

SİYASİ VE İDARİ YAPI

İngiltere, Galler, İskoçya ve Kuzey İrlanda'dan oluşan Birleşik Krallık, Monarşi ile yönetilen bir ülke olup, anayasa adı altında düzenlenmiş tek bir anayasa metni bulunmamakta, bunun yerine ülke, anayasa gücündeki yazılı mevzuat, yıllar itibariyle oluşan içtihatlarla örf ve adet hukuku ve uluslararası sözleşme hükümlerine dayalı olarak yönetilmektedir. Anayasa niteliğindeki anılan mevzuat Meclis tarafından çıkarılan yeni kanunlar ve anlaşmalarla değiştirilebilmektedir.

Devlet Başkanı Kraliçe Elizabeth II, Başbakan ise İşçi Partisi'ni tarihinde ilk kez peş peşe yapılan seçimlerle (Mayıs 1997 ve Haziran 2001) iktidara taşıma başarısını gösteren Tony Blair'dir.

İngiltere Parlamentosu, Avam Kamarası ve Lordlar Kamarası'ndan oluşmaktadır. Toplam 659 üyesi bulunan Avam Kamarası'nın üyeleri beş yılda bir yapılan seçimlerle belirlenmektedir. 7 Haziran 2001 tarihinde yapılan erken genel seçim sonuçlarına göre Meclisteki üç büyük partinin sandalye dağılımı İşçi Partisi 413, Muhafazakâr Parti 166 ve Liberal Demokrat Parti 52 olarak belirlenmiştir.

İşçi Partisi çoğunluk hükümeti tarafından gerçekleştirilen reformlarla soydan geçme asilzadelerin Lordlar Kamarasına katılma hakları sona erdirilmiş, vasiyet yoluyla devredilen Lordluk unvanı (hereditary peer) feshedilmiştir.

Diğer taraftan, yine Blair hükümeti tarafından hayata geçirilen ayrı bir reformla, Galler, İskoçya ve Kuzey İrlanda'ya merkezden bir dizi yetki devri anlamı taşıyan değişiklikler gerçekleştirilmiştir. Bu kapsamda 1997 yılında Galler ve İskoçya'da yapılan referandumla, Merkezi Hükümetin ekonomi ve para politikası, dış politika, savunma ve ulusal güvenlik dışında kalan, eğitimden sağlığa, adalet hizmetlerinden ulaşım ve tarım politikalarına kadar bir dizi yetki 6 Mayıs 1999 tarihinde İskoçya Parlamentosu ve Galler Assamblesine aktarılmıştır.

1998 yılında imzalanan 'The Good Friday Agreement' adıyla bilinen anlaşmanın Kuzey İrlanda'da yapılan referandum sonucunda onaylanması ile yapılan seçimler sonucunda oluşturulan Kuzey İrlanda Assamblesi ise Aralık 1999 itibariyle çalışmalarına başlamıştır.

Kaynak: İGEME İngiltere Ülke Raporu

COĞRAFİ KONUM

Kıta Avrupasının kuzeybatısında yer alan Britanya Adaları 242.500 km^2'lik bir yüzölçümüne sahip bulunmaktadır. Bu adaların en büyüğü Büyük Britanya, ikinci en büyüğü ise Büyük Britanya adasının batısında bulunan ve üzerinde Kuzey İrlanda ve İrlanda Cumhuriyeti'nin yer aldığı adadır.

Ana adanın kuzeyinde bulunan İskoçya'nın batısında Hebrides takım ada topluluğu yer alırken İskoçya'nın kuzeydoğusunda Orkney ve Shetland adaları sıralanmaktadır. Bütün bu adalar İngiltere'ye bağlıdır. Ancak, İngiltere ile Fransa arasında yer alan Channel Adaları ile İrlanda Denizindeki Isle of Man adası, uluslararası ilişkiler ve güvenlik bakımından Birleşik Krallığa bağlı bulunmaktadır.

Birleşik Krallık'ın 244.100 kilometrekarelik yüzölçümünün 130.400 kilometrekarelik kısmı İngiltere'ye aitken İskoçya 78.800, Galler 20.800 ve Kuzey İrlanda 14.100 kilometrekarelik alanı kapsamaktadır.

Başkenti Londra (7.355.000) olan ülkenin diğer önemli şehirleri ise Birmingham (990.000), Leeds (717.000), Glasgow (577.000) ve Sheffield (512.000)'dır. Ülke topraklarının yaklaşık %71'lik kısmı ekilmeye müsait alan ve çayırlardan, %10'luk kısmı ormanlık alanlardan, %19'luk kısmı ise şehirlerden oluşmaktadır.

Kaynak: İGEME İngiltere Ülke Raporu

www.ingramcontent.com/pod-product-compliance
Lightning Source LLC
Chambersburg PA
CBHW060620070426
42446CB00052B/2790